記憶《とき》の居場所《すみか》

エコノミストがみた日常

矢嶋康次

慶應義塾大学出版会

記憶《とき》の居場所《すみか》　目次

第1章　「真実」の居場所

第2章 「異質」の居場所

第3章　時代の振り子

第４章　明日の風向き

装丁・カバーイラスト　岩橋香月
（デザインフォリオ）
章扉写真　©ＴＯＭＯ／ＰＩＸＴＡ

第1章

「真実」の居場所

子育て支援の「ちょっとピンぼけ」

もう15年以上も前になる。長女が生まれ、子育てに奮闘していた。

そこから今日までの間に、幸せなこと、楽しいこともたくさんあったはずだが、いま立ち止まってこれまでを振り返ってみると、その多くはイライラした思い出ばかりで、とても悲しい。たとえば、ある百貨店の前を通るたびに、こんな記憶が甦ってくる。

ある日、私はベビーカーに娘を乗せてその百貨店に子供用品を買いに出かけた。哺乳びんやおむつなど、買い物の途中必要になるものを入れたバッグをベビーカーに引っ掛けて、自宅から駅までの道を進む。子供と荷物の重さでベビーカーは動きにくい。そのうえ、道路は段差だらけで車輪が引っかかり、なかなかうまく押せない。

電車に乗ろうと駅の改札を通りホームに降りようと思うが、階段しかない（十数年前のことだ）。ベビーカーに下げていたバッグを肩にかけながら、ベビーカーを抱えてホームまで降りる。自分の足元は見えず、万が一、コケて子供が怪我したらと緊張しながら階段を降りる。ひどく神経が尖り、体は汗だくになる。

目的地の駅でもエレベーターがなく、今度はベビーカーを抱えて階段を昇る。さらに汗だくで目的地の百貨店に着いて、やっと段差から解放されたと安堵し、エレベーターを待つ。

エレベーターの扉には子供連れ優先と書いてあるが、開いた扉の向こうのすし詰め状態の人々は、誰も降りて入れ替わってくれない。乗っている人に、厳しめの視線を送って目が合っても、すぐ目をそらされる。エレベーターの扉が開いてから閉じる数秒間、乗っている人が凍りついたかのような静止画面となる。とげとげしい空気が流れる。

何度それを繰り返しても結局乗れないので仕方なく「ベビーカーは載せてはダメ」と書いてあるエスカレーターに乗る。上下にすれちがう人々の目がとにかく冷たい。「エスカレーターにベビーカーを載せてはダメです。わからないのかなあ」と言わんばかりである。私は「ダメなのはわかってるわ、エレベーターを譲ってくれない人が悪いんだ」と私は心の中で叫んだ――。

別の日、今度は車で役所に行き、子供関係の手続きをいろいろ済ませようと思った。役所の駐車場に着いて、子供を後ろの座席から降ろそうと思うが、駐車場が狭くて車のドアを十分に開くことができず、子供を車から降ろせない。役所にある看板には「子育て政策に力を入れています」と書いてあるではないか、どこがだ！　と私は心の中で叫んだ……。

この国のあちこちで、なにがしか、言っていることや目標設定と、実際に施行していることとが妙にちぐはぐなケースが目立つ。「ちょっとピンぼけ」状態が蔓延していると感じるのは私だけだろうか。外出すると、イライラすることばかりだった。


一方、私よりも圧倒的に育児に時間を割いていた妻は、私とは異なった経験をしていたようだ。妻が抱っこひもで子供を抱え、最寄り駅から電車に乗った。あいにく席が空いておらず、立ってつり革につかまると、その前に座っている若い男子から「席、換わりましょう」と言われ、すっと席を譲ってもらった。そして電車が動き出すと、妻に「かわいいですね」と声をかけてくれたらしい。「いま何歳ですか？」「今日はどこ行くんですか？」と次々に質問を投げかけてくれて、たくさん楽しい会話が続いたようで、移動時間もあっという間に過ぎたとのことだった。妻が電車を降りるときには、その青年は子供に「バイバイ！　またね」と言ってくれたそうだ。妻は私に「若い子で優しい人はたくさんいるよね」と嬉しそうに言っていた。

いつもイライラしていた私には、周りもイライラを増幅する電波を返してくるのだろうか。妻は皆の優しさに目を向けているので、周りも優しいのだろうか。よく当時はそう思って、次回外出するときは、できるだけ怖い顔をしないようにしようと思っていたが、外出のたびにイライラする場面に出くわし、とにかく疲れて帰宅することしばしばだった。

日本の少子化はすさまじく進展してしまっている。日本の出生数は2016年、初めて100万人を切り、2020年は84万人程度。コロナで出産を控える動きが出ていて2021年は70万人台との予想もある。国立社会保障・人口問題研究所の推計によると、日本の人口は、最も多かった08年の約1億2800万人から、数十年後の西暦2100年には6000万人を割る。国立社会保障・人口問題研究所が推計していない、将来も出生率や死亡率が大きく変わらないとの前提を置いてみると、簡単に計算ができる。2200年くらいには1400万人程度、なんと3000年には数千人になる。出生率をなんとか改善させないと、何代か先の自分の子孫の時代には、日本人は絶滅危惧種となってしまう。世界から日本人が消えるかもしれない。

少子化・人口減少は、経済で重要視される一人当たりGDPの成長への影響は軽微だとの見方もある。しかし、同時に高齢化も進み、人口の歪みは社会保険や地方財政の改革をきちんと行わなければ、将来世代の負担増加などを通じて一人当たりの成長率にも確実に影響を与える。

未来の、ある老夫婦の夕食会話だ。「今日、幸せなことに赤ちゃんを見たよ」とおばあちゃんがいうと、「よちよち歩きの子を見るのは、何カ月ぶりだろうかねぇ」とおじいちゃんが答える。これはあくまで想像の会話だが、遠くない将来、実現してしまうかもしれない。こんな将来にしてはダメだ。少子化を止めるには時間がかかる。だからこそ改善策はスピードが命だ。もっとやるべきことはシンプルでよいはずだ。

日本は「子どもを産み育てにくい国」と感じている人が多く、フランスやドイツ、スウェーデンに比べ育てにくいとする割合が突出して高い。子育てを支える政策が各国に比べ不十分だと多くの人が感じている。諸外国の例を見ればまだまだ子育ての環境づくりはやるべきことが圧倒的に多い。将来的に持ちたい子どもの数が減った理由では、「子育てへの経済的な不安」が最多である。出産や結婚を躊躇させる経済的不安を和らげるために各国が進める財政支援についても、日本はもっともっと力を入れてよいはずである。

私が子育てをしていた時から十数年経ったが、当時から比べて、社会は子育てしやすい環境になったのだろうか。駅など公共施設などはユニバーサルデザイン重視の改修工事などがだいぶ行われてきているように思うが、まだまだではないだろうか？　私が感じたイライラやピンぼけと感じるものは少なくなったのだろうか。

また、子育て世代に対する社会の寛容さはどうだろうか。いま子育て中の親御さんはどんなことを感じているのだろうか。

少子化対策を立案する人、決める政治家は年配者が多すぎる。いま子育てをしていて現状に対する感度が高い人を登用しないと、困っていることをなくしたり、感動を受ける取り組みを進めていくことへの広がりが停滞してしまう。感度が鈍くなった人は、感度がある人に役割を譲るべきだ。

少子化は日本にとって一丁目一番地の重要政策だと、多くの知識人・言論人たちは口を揃えていう。子供を持ちたくても持てない夫婦や、もう一人子供が欲しいがどうにもならないという家庭も少なくない。子育て支援も含めてやれることを全部やったうえで、それでも少子化に歯止めがかからないというのなら仕方ないが、ほんの少しの政策を打ち出した程度で「やった感」をアピールする社会は、どこかピントがズレている気がする。

いま持つ強さを見出すべし

40年近くテニスをしている。幼少からあこがれたプロテニスプレーヤーが三人いる。

一人目は、私が中学校から高校の時に活躍していたスウェーデンのマッツ・ビランデルだ。１９８２年の全仏オープンにて、17歳9カ月の若さで四大大会（「グランドスラム」）のひとつで初優勝した。当時彼が使っていたロシニョールＦ２００はしなりがすごいラケットで、欲しくて、欲しくてたまらなかった。

その後は、89年にビランデルが急激にランキングを落とす中、逆に彗星のごとく急浮上してきたピート・サンプラス、彼が二人目だ。サンプラスは89年、当時18歳で、全米オープン2回戦でそのビランデルに勝っている。彼が繰り出すサーブ・アンド・ボレーに魅了され、自分も高校・大学は同じテニススタイルだった。サンプラスはその後、四大大会で14回も優勝し、当時歴代1位を記録した。

三人目は、その後テニス界をリードしたロジャー・フェデラーだ。39歳（1981年生まれ）で今日いまだにテニス界のトップに君臨する。四大大会を歴代最多の20回、制覇している（2021年7月時点）。

フェデラーはジュニアの頃からオールラウンダーで天才だった。しかし天才が長くトップに居続けるには、モチベーションが必要だ。彼には長きにわたって天敵というべき異才のスペイン人ラファエル・ナダル（35）というライバルがいる（ナダルもグランドスラムタイトルを20持つ）。二人は大会ごとに勝ったり負けたりを繰り返し、全世界のテニスファンを魅了した。テニスをする者にとっては、天才フェデラー、強靭な肉体から繰り出されるフォアハンドを持つナダルは、究極のあこがれだ。最近ではノバク・ジョコビッチ（34）も優勝を重ねフェデラー、ナダルと同じ20回のグランドスラムタイトルを持つ。

二人はお互いの弱点を知り尽くし、互いにそこを徹底的に攻めた。フェデラーは片手バックハンドなので、高い打点の返しは力が入りにくい。そこをナダルは試合で攻めまくり、特にクレーコートでは無類の強さで圧勝した。

しかし、その戦略もフェデラーは克服し、クレーコートでも彼はナダルを撃破する。一方、誰も太刀打ちできないフォアを持つナダルにも弱点はあった。だが、それまで苦手にしてきたバックハンド、ネットプレーなども努力を積み重ねて世界トップ水準の技術にまで押し上げ、クレーコート以外でもフェデラーに勝利するようになる。

お互い弱点を攻め合うことで二人は世界トップでありながら、年を重ねても次々と新しいテクニックを身につけ、すさまじい進化を続けている。

日本の潜在成長率は1980年代に4％台半ば、90年代に1％台半ばに低下した。足下では日銀の試算でほぼゼロと、低下が止まらない。先進国で断トツの低さだ。

1999年に夫婦でエジプトを訪れた。その2年前の1997年、イスラム原理主義過激派の「イスラム集団」が外国人観光客に対して無差別殺傷テロ事件を起こしたので、空港からのツアーバスの中には、機関銃を持った兵士が必ず同乗し、ルクソールなどの主要観光地は必ず複数の兵士が護衛する、ものものしい体制だった。

アブシンベル神殿を訪れたとき、ガイドが「1960年代にアスワン・ハイ・ダムの建設が始まったことで、アブシンベル神殿は移築を余儀なくされた。ユネスコの指導によって、神殿は1000個以上のブロックに切り分けられ、4年をかけて現在の場所に無事移築された。この大仕事を日本が手伝ってくれた。日本の技術は本当にすばらしい」と言っていた。日本製のものは私たちにとって憧れである、とも言っていた。外国でこういう話を聞くと、自国に対して少しばかり誇らしげな感情が芽生える。

だが、その後は日本および日本人にとって苦しい時代となった。2011年にハワイに行ったときに、だいぶ昔に乗ったサンセットクルーズに再び乗った。乗船についてのガイドが英語で流れたが、そのすぐ後に中国語でのアナウンスが続いた。10年前くらいに来たときは中国語のアナウンスを意識しなかったし、英語のすぐあとには日本語の説明が流れたと記憶している。世界の勢力の中での日本の位置を思い知らされた。

１９８０—90年代には、日本企業が世界を席巻した。現在の世界の株式時価総額では、米中のデジタル企業がトップ10を独占する。１９８９年には、日本企業が50位以内に30社以上入っていた。10位以内もＮＴＴ、日本興業銀行、住友銀行など、なんと日本企業が7社もランクインしていた。当時の日本企業はまさに今日のＧＡＦＡのような存在だった。そこから銀行、電子・電器産業が総崩れとなり、いまでは外国と対抗できる業種は自動車産業くらいになってしまった。

日本は明らかに第一線級の選手ではなくなった。

戦後、日本経済は、アメリカモデルを目標に、そのやり方をまねることで、短期間で大きく躍進した。しかし、テニスにたとえれば、体格も大きく異なり、まねできる領域もなくなり、おのずとオリジナルが求められるようになる。そうなると、どのようなスタイルにするのかが定まらず、悶々とトレーニングを繰り返すことになる。単調な苦しい時間だけが過ぎ、いつしか周りの若手に勝てなくなって、負け癖がつき始め、ついに自暴自棄に陥る。

私もシニアのテニス大会に出ている。炎天下の試合になると体力的にもきつく、体温が上昇して顔が熱を持って、体も異常な汗のかき方をする。勝っていれば頑張れるが、スコアで劣勢になると負けても仕方ないんだという理由を探し始め試合に集中できなくなる。肘が痛いとか、仕事が忙しくて十分な練習ができなかったとか、しまいには相手も同条件なのに、風が強くてテニスにならないとまで考えて、だから試合に負けてもやむを得ないのだと自分を納得させようとする。そんな思考では当然試合に負ける。負け試合を続けると、いつしか自分の弱点、勝てない理由の解説だけがうまくなってくる。まさに負け癖がこびりついてしまうのだ。

日本も負け癖がつくと、政府の成長戦略がなっていないとか、日銀の緩和が足りないからだ、などと、この低迷の責任を何かに求める。リスクといえばダウンサイドのリスクばかり考え、企業は万が一のため内部留保を蓄える。私も含め、エコノミストは悲観論ばかり口にし、不安をあおる説明は、なぜか聞き手が腑に落ちる。ダウンサイドリスクに対応することのみが正しいというような人間的な思考が展開される。そして最後には「昔はすごかった」と、今の自分をあるがままに自己評価できなくなる。

「もはや誰も取り戻せはしない
草原が輝いていたあの頃を

花咲きほこるあの頃を
でも嘆いたりせず、それよりも強さを見つけよう
後に残ったものの中にある力強さを」*

輝きは色褪せないから大丈夫、というこの詩は、ウイリアム・ワーズワースの「頌歌：霊魂不滅のうた」の一節である。これぞ「いまだ色褪せず」の典型的な名作だ。日本も80年代はすごかったぞとルックバックして過去の栄光にしがみつき、今の悲惨さを隠蔽するスタンスをとってばかりはいられない。年をとってもパワーではなく、別のテクニックでいつまでも自力を持続させる世界一流のスポーツ選手に学ぶべきものがある。

＊　訳書を参考に、原文より拙訳。

手続きに懲りて後手に回る

「ヨーロッパに幽霊が徘徊している。共産主義という名の幽霊である」――。

カール・マルクスとフリードリヒ・エンゲルスによる『共産党宣言』の冒頭の有名な一節だ。この本が出版されたのは１８４８年だが、その後マルクスは『資本論』を著して社会主義思想の礎を築き、１８８３年に没した。

よくきく〝冗談あるある〟で、マルクスが没後１００年経った１９８３年に甦り、20世紀末の世界を眺めたとき、ある国を見て「わが意を得たり！　この国こそ吾輩が予言した『社会主義国』が完全に具現されている！」と小躍りした。さて、その国はどこでしょう？というのがある。１９８３年当時、まだソビエト連邦は崩壊前で、実在していた。では答えは言わずもがなのソビエトでしょ？　残念、その国は「日本」です！　という「あるある」小咄だ。

当時、それほど日本は、資本主義的な繁栄を謳歌しながらも社会規律がしっかり機能し、格差も小さく、ほぼ万人が平等の枠内にあったように見えたのだ。「一億総中流化」という言葉も存在した。社会主義の理念型に最も近いモデルともいわれた。

1980年、私は12歳、小学6年生だった。夏休み、ソビエト極東部の都市ハバロフスクにいた。当時、新潟県とハバロフスクが友好都市関係にあったので、交換友好使節団としてかの地を訪れ、私もその一員としてソビエトの子供が通う全寮制の学校に短期滞在したのだ。

私にとって、このソビエト行きが初めての海外経験だった。使節団の一員になれることが決まった直後、とにかくうれしかった。家にある世界地図を見てソビエトの大きさにびっくりした。海外旅行に行ったことのあるおじさんに聞いたら、「ありがとう」と「おはよう」は覚えておけと助言してくれたので、「スパシーバ」「ドーブラエ ウートラ」を何度も練習した。初めての海外で、新しい友達に会えると胸を膨らませながら、新潟空港からプロペラ機でハバロフスクに降り立った。

しかし、降り立った直後から、え!? という連発が待っていた。

町並みは「古い」という形容詞があてはまらないほどボロボロだった。ハバロフスクに到着して、2、3日はハバロフスクの宿泊施設らしきものに泊まった。当時ソビエトでは、イクラを食べる習慣がなく、ごみとして捨てていた。日本人は、自分たちは決して食べないものを珍重するとのことで、この宿では毎食、日本人客用として、少し大きめのお椀に大量のイクラが提供された。最初の数回はおいしくいただいたが、さすがに毎回大量に食べられるものではない。でも子供心に、友好使節団で異国の地に招かれたことを大切に思うあまり、相当無理をして食べた。そののち、私は40歳を過ぎるまでイクラを食べることができなくなった。

ソビエトの子供が通う全寮制の学校は、毎日退屈なルーティンの繰り返しだった。食べ物も質素で、記憶の中に残っている朝ごはんは、パン1つと甘いお茶、お昼も夜もそれにおかずが一つと果物がついていた程度で、小学6年生の育ち盛りのお腹は、まったく満たされることはなかった。

水泳の授業は、アムール川だったと思うが、そこに浮き輪で囲い線を張った簡単なプールらしきものが作られ、そこで授業が行われる。開始前に一緒に同行してくれた大人の日本人に「川の水を飲んだらお腹を壊す」と忠告された。ロシアは硬水で、日本人には合わないということだったらしい。普通のプールなら水を飲むことはないだろうが、その川には軍艦が往来する。巨船が通過するたびに、大きな波が押し寄せ、いやおうなしに水を被った。私はお腹がとにかく弱い。だから絶対に水を飲みたくなかったので、ずっと顔出し平泳ぎをしてなんとか難を逃れた。一緒に行った仲間の数名はその水を飲んでしまい、数日間お腹を壊してしまった。数日もたたないうちに、すごいところにきてしまったなあと後悔する始末であった。

マルクス没後100年の1983年といえば、私は15歳、中学3年生だった。その中学生の目から見てもなお、世にいう「バブル」前夜の日本は、本当に活気にあふれ、楽しかったことを覚えている。新潟の片田舎に暮らしていてさえも、世の中すべてが光り輝いているように見えた。

そんな資本主義まみれの、経済絶好調だった日本も、その後ずるずると不調の罠にはまり、いまはといえばかなり不平等と格差が蔓延して、社会問題として取り沙汰されている。いったい日本経済のシステムのどこに綻びが生じたのだろうか。

資本主義体制とは異なるシステムを有する社会主義国は、主に計画経済を軸とし、生産計画はほとんど中央政府の指示によって立てられる。自由な競争を排し、徹底した管理体制の下で財が生産されるというものだ。自由主義の空気の下に育った私たちは、そんな体制を、なんて窮屈でやりにくそうなのだろうか、と訝《いぶか》りがちであろう。しかし、もう中国に暮らして20年以上になる知人は、中国でのビジネスは日本よりもはるかにやりやすいという。

日本のように、ビジネスにおいて何か意思決定するときには、たいてい多くの役員・関係者が集まって鳩首会談を行い、合議が成立するまで、えらく時間がかかる。決まるならまだいい。次回まで先送りするという決定をすることで満足することもしばしばである。一方中国は、共産党筋の偉いさんの鶴の一声で、あっという間にスムーズにことが進み、とにかく結論に到達するのが速い。こちらのシステムのほうが、よほど合理的でビジネス向きだと思うよ、といつも教えてくれる。

民主的手法を重んじるあまり、意思決定が滞り、話がなかなか決まらないのでは、迅速を旨とする今日のビジネス社会においては本末転倒だ。だが反対に、一人のリーダーの意思決定ですべて決まってしまうというのも、判断を誤った場合のリスクも含めて、少し危険すぎはしないか。頭の中に「独裁」「専制」ということばが浮かんでくる。この資本主義・社会主義両システムの間にある最適バランスをどう見積もるかが、これからの世界で勝利を握る一つのカギとなるのではないか。

東京財団政策研究所主席研究員の柯隆氏によれば、中国の共産主義体制は、マルクスの目指した、格差をなくし、すべての人民が豊かに暮らせる社会を構築する方向とは逆の、(共産)党、さらにいえばそのトップリーダーである国家主席の独裁を容認する方向で体制強化に向かっているように見えるという(『「ネオ・チャイナリスク」研究』)。

では、翻って、もたつきばかりが目立ち、羹《あつもの》に懲りて膾《なます》を吹くがごとく、慎重にことを進める態勢に慣れている日本に、今後どこか活路は見出せるのだろうか？

日本のシステムが中国の社会主義システムと最も異なる点は、民主主義・資本主義体制の根本原理である「自由」が存在することなのではないか。この「自由」な空気の下での活動こそが、人々の生き方から窮屈さを削減する根源となっていることは間違いない。

現代の日本人は、この自由な空気に慣れすぎてしまっており、この状態が当たり前のことだととらえ、何の疑念も抱かない。私たちは今こそ、このわれわれに与えられている自由の意味を、もう一度しっかりと見直すべきだろう。

つじつまが合わない足し算

営業や出張での空き時間をどう過ごすかは、かなり個人差が出る。1日30分としても、サラリーマン30年となれば、5000時間を超え、約1年分に相当する。

20代の頃はマンガにはまっていた。出張の定番「ゴルゴ13」から始まり、昔流行ったものを大人買いして、鞄の中に忍ばせ、ヒマさえあれば読み耽っていた。読むものがなくなると別冊マーガレットなどで連載していた、くらもちふさこの「いつもポケットにショパン」なども読み漁った。

40代になってからは、ゲームをやりたかったが、世間体を気にしたのだろうか、我慢して「数独」をやった。よく、新幹線の中で数独をやり始めると、列を挟んだ隣の席の人も数独をやっていることが多く、目が合うと、なぜかばつが悪かった。数独中毒時代は、常時持ち歩き、トイレや風呂など、ありとあらゆるところでやりまくった。仕事の関係者と車で移動している時などは、まさか座席で数独を始めるわけにいかない。でも頭が数字脳になっているので、前に見える車のナンバープレートに意識が注がれる。

前の車のナンバーを四則演算でどうにか10にするゲームにのめり込む自分がいる。たとえば「2816」というナンバーなら、それぞれ1回使って（2×8－6）×1＝10という具合だ。一つとは限らない。8×1÷2＋6＝10もある。数年前の自分の手帳を見ると、4つの数字の四則演算で10にするやり方がいくつも書いてある。完全に中毒症状になっていたことがあった。

エコノミストは公表された数字を前提に評価を行う。しかし、ミクロの人の数を足し合わせると、どうもマクロの人口に合わないケースが散見されるようになっている。近年介護職員を確保できず、介護サービス業者が倒産・休廃業に追い込まれる事態が増えている。国の試算だと2025年までには介護と看護の従事者は今よりも200万人以上必要とされている。ほかの業界でも人手は必要で、建設業も100万人程度必要とみられている。この2業種だけで、なんと5年くらいの間で300万人増やさないと業界が立ち行かないらしい。

ところが、今の若者の1学年は100万人を切っている。毎年新規に労働市場に入ってくる若者の100万人のうち40万人が介護看護に、20万人が建設業で職に就けば、5年間で2業種の必要な労働力300万人は確保できる。でもこれは毎年100万人のうちの60%、つまり60万人の新しい労働者が介護看護と建設業の2つだけに集中することになる。これは明らかに現実的ではない。

産業と同じようなことは、地方自治体間でも起こる。私は、地方の講演会で「県全体で人口をできるだけ減らさないという目標は大事だ。でも個々の企業や市町村の希望的目標を足し合わせると、県全体の人口予想をはるかに上回る。おそらく将来の働き手の数の中には、畑を荒らす猿やシカの数も入っているのではないですか?」と指摘すると、ドッと受ける。

日本の人口は、2008年の1億2800万人をピークに減少し、2048年には1億人を切る。その減少ペースは毎年100万人であり、鳥取県の人口規模が毎年消滅するというすさまじいスピードとなる。一方、それぞれの企業、産業、地域が必要とする希望求人数を足し合わせると、日本の人口予想をはるかに超えてしまうという、笑えない事実がいまここにある。

ビジネスで将来の事業計画について、縮小の計画を数字で立てることとは、会社としては「負け」と考える人も多い。その計画を立てた人は皆から「縮小の絵を描きやがって、おまえは会社をつぶす気か」などと言われる。だから、なぜだかはわからないが、無謀にも

「頑張ることで、人はそれほど減らず、売上もなぜか伸びる」という将来図を書き、達成可能とは到底思えない数字を積み上げて示してしまうのだ。

しかし、数字はシビアである。絶対的に人が足りないなら、集中と選択をもっと進めないといけない。必要ない仕事や業務はすべて捨てるべきだ。またどうしても捨てきれないものがあり、人手が足りないなら機械化、ＡＩ化に頼らなければならないだろう。ＡＩ化は人の仕事を奪うと恐れる論調が出ているが、日本は絶対的に人手が足りず海外で起こっているような人の職業を奪うことは起きにくい。つじつまが合わない足し算を、いつまでも放置しておくわけにはいかないという現実にこそ、もっと真剣に対峙すべき実態なのである。

「脱力」は「手抜き」にあらず

テニスを続けている割には、私はとにかく体が硬い。小学校の頃は前屈で手がぎりぎり床についたが、中学から1回もつかなくなった。下着や靴下は、椅子に座らないと履けない。足の小指の爪切りをするためにあぐらをかくが、小指を目視しようとすれば必ず、ゴロンと体が倒れてしまう。

このままでは老後どうなってしまうのか不安になり、ストレッチ店に通うようになった。初回に膝を曲げず前屈の測定をしてもらった。「マイナス18センチ」しか曲がらなかった。床上18センチである。トレーナーさんに鏡に映る私の前屈姿の写真を撮ってもらったが、その姿はなんとも不様であった。

そこから1年以上通い、ちょっと膝を曲げるズルを許してもらえれば、床に指先が、ほんのちょっとだけつくようになった。鏡に映った前屈した私の姿は、まだまだ滑稽だが、曲がるようになってかなりうれしい。風呂上がりにいつも前屈し、指を床に着けてニヤニヤしているらしい。「キモイ」と家族には言われるが、指がつくと自然ににやけてしまう。私の野望は、生きているうちに立ったままで靴下を履けるようになることだ。

最近、自分の体の使い方・体への意識が変わった。私が教えてもらっているトレーナー曰く、筋肉は3カ月くらいで再生されるらしい。あきらめないで続けさせたい営業トークも入っているとは思うが、ストレッチを正しい方法で繰り返していけば、誰でも体の柔軟性は高まるとのことだ。

ただ効果的に柔軟性を上げるには、呼吸法などを通して、体の力を抜けるかどうかが大事らしい。私も最初の頃、体が曲がらず痛く、呼吸を止めて力みまくった。終わったときには疲れ切った。しかし、いつしかストレッチ中に、息を吐くことができるようになり、いま伸ばしている部分に意識があまり集中しなくなり、柔軟性が変わってきたように感じる。

日本人はとにかく休まず働く。1日に決められた8時間労働だけでなくサービス残業もいとわない。長い通勤時間にも耐える。家にも仕事を持ち帰り、土日も仕事を優先させてしまう。長期休暇も取らず、とにかく働き詰め、仕事漬けである。私も家でも「忙しい、忙しい」が口癖になっている。

だが、そんなに働いているにもかかわらず、わが国の労働生産性（就業1時間当たり付加価値）は主要国ＯＥＣＤ加盟37カ国中、中位以下の21位（２０１9年）である。私の中で「ヤツらはちっとも働かない」と勝手に決めつけているアメリカの約6割の水準しかない。きっちり休めない、休みたいと思わないから、きっちり仕事ができない。集中できず長時間労働に陥りやすいことで、息苦しさすら感じてしまう。

この先、「ながら生活」が当たり前になってくる。ＩＣＴが今以上に進み、会社などの制度や価値観の変化がそれを後押しする。複数の仕事を同時にこなすことも可能になるし、家事・育児と仕事、余暇を楽しむことも同時にできる社会が実現する。時間やタスクがシームレスになればなるほど、どんなタスクをしているか、その意識づけが今まで以上に重要になるだろう。なんでもできるということは、同時になんでも適当になりやすい。心も体もオンとオフをきちんと分けられ、必要な時に集中できる環境をつくらないと生産性は上がらない。

一流スポーツ選手は、ガチガチの状態ではパフォーマンスは上がらないことをよく知っている。だから「試合を楽しみますよ」という言葉をよく使う。運動動作の中で、意図的にリラックスできる状態をつくり出す。リラックスはすべての力が抜けるわけではない。必要最低限の力以外を脱力する状態にし、本当に必要な時に最高のパフォーマンスを上げるための準備を行うのだ。

私は、毎年、胃カメラをゲーゲー言いながら呑んでいた。本当に気持ち悪く苦痛でしかたなかった。ところが先年、胃カメラを飲んでいるときに、先生から「息を吐きながら呑むと楽になれますよ」と言われ、わが意を得た。おそらく毎年同じことをアドバイスいただいていたと思うが、昨年は、ストレッチ効果で「息を吐く」ことを私の体が理解していた。初めてリラックスでき、例年、眼はぐっと力を入れてつむっていたため見ることができなかった自分の胃の映像を見ることもできた。

歯医者も楽になった。いつもキーキーというドリル音を聞くと、とにかく眼はぐっとつむり、下半身、手に力を入れる。それが昨年から息を吐いて呼吸を普通にできるようになり、力が抜けて楽になった。それは息を吐く＝体内から息を抜くこと＝息抜き＝リラックスなのだ。このリラックスができることがパフォーマンスを上げるコツだったのである。

リモコンのボタン

1990年代の後半、ある電機メーカーの役員と、こんなやり取りをした。当時、私の実家が、ある電機メーカーのテレビを使っていた。というよりも、私がそのメーカーが好きなので実家にそのテレビを勧めたのだ。だが、しばらくして母に「テレビ画面はとてもきれいで見やすいよ。でもおばあちゃんが使うボタンは電源スイッチと音量とチャンネルの三つだけ。リモコンのボタンがあんなに多くなくてもいいんだけどねえ」と嘆かれた。

後日、そのメーカーの役員と話した際に、高齢者が使いやすいように、リモコンのボタンの数を絞るとか、画面タッチで操作できるとか、それこそ画面に話しかけたら動くとかはどうですか、という話をした。そのときの回答が「うちのテレビにはいろいろな機能がありますから、ボタンを少なくするのは難しいですね。あと、直接画面に触るのはちょっと……画面が汚くなるので……」とやんわり否定された。

私は大学で材料工学を専攻した。触ることで画面に指紋がついて汚くなるという回答はとてもよくわかる。最先端のテクノロジーが使われ、多くの技術者の努力で創り出されたきれいな画面を指で触り指紋がつくことで台無しにされることが、会社として許せないという気持ちも理解できる。私が大学の専攻のままメーカーに就職し、もし製品の製作担当者になっていたら、この役員と同じように回答したにちがいない。

だが、この画面に触れることや、画面に話しかけて操作を行うというアイデアの延長線上の議論に、アイフォンがあるのではないか。日本の製品はアイフォンの中にたくさん使われている。でも日本企業はアイフォンを創り出せなかった。画面を触って操作するというアイデアが、どうしても日本からは誕生しなかった。もしかするとアイデアはあったが実行する判断ができなかったかもしれない。

日本が進めた高付加価値戦略も、世界からそっぽを向かれた。80年代には日本の家電・精密機器が世界を席巻していた。ソニー、キヤノン、ニコンなど日本のモノが世界で崇拝されていた。２０００年頃、ＵＡＥドバイに向かう飛行機の中で、中東の人が膝の上にソニーの段ボールを抱えていた。その大きさだとミニコンポだと思うが、近くに座った日本人の私を見つけ、彼は段ボールのソニーのロゴを指さし、「ソニーはいいよな！」と言わんばかりに私に右手親指を立ててきた。もう記憶が曖昧になっているが、昔は飛行機の中に精密機器を持ち込んでもよかったのだろうか。それとも段ボールには別のものが入っていたのだろうか。そのあたりはわからないが、とにかくソニーのブランドを指さしてサインを送ってきてくれたことに、私はとてもうれしく誇らしく思った。

しかし、それからあっという間に日本のいいモノづくりは世界からそっぽを向かれ、世界の消費者との距離が広がった。日本の戦略は欧米の先端諸国に対して、細かい付加価値をつけまくり、高付加価値で高価格帯の品質の開発に走った。翻って韓国、中国などはめちゃくちゃ安い、ただピンポイントでこの機能だけできればよいという商品の開発に走った。たとえば洗濯機はドライ機能とか除湿機能などはついていないが、回って洗濯ができ、汚れが落ちさえすればよいという戦略を徹底した。こうしたシンプルな低価格の商品をつくり、途上国に販売しまくって収益を拡大してきた。

かたや日本の技術者は当初この韓国、中国の製品開発を冷ややかな目で見てきたが、いまや立場はすっかり逆転してしまった。海外でも負けたし、国内でも先端技術ばかりを追求しても日本人の大多数が使わない機能がある製品になってしまった。韓国勢は海外でもユーザーが増えるとそのユーザーのニーズを的確に吸い上げ、現在では製品の機能も最先端でしかも機能的でデザインも優れているという展開をしっかり習得している。

日本の「よいものをつくれば売れる」という主張には、消費者の存在が薄い。まだ消費者が気づいていない「よいもの」をつくり出せれば、必ず消費者は評価し購入するはずだとの強い思いがある。韓国・中国の「消費者のニーズに寄り添えば売れる」の戦略は、日本とはまったく異なる。いま消費者が必要とする商品サービスを探求し、それを確実に提供することを最優先とする。言い換えれば、日本は供給者主導型であり、韓国・中国は消費者主導となる。現在進行形のデジタル化はいっそう消費者主導型の動きを加速させるとみられている。

「おばあちゃんが余計なボタンを押してしまい、見たことがない画面になってしまった。どうやったら元に戻せるのか」と、母親から私の携帯に連絡があった。私は「電源をオフにしてごらん」と伝えた。新潟の実家では、無事電源をオフにして再び電源をオンにし、画面を復活させたらしい。

これが高齢化日本の現状であり、これから高齢化が進展してくるアジア、欧米諸国の先の姿だということを、メーカーの開発者はもっと明瞭に認識したほうがよさそうだ。

「チャンスはなかった」ことにする経営

数年に一度、自転車で無性に漕いで漕いで目的地にたどり着きたいという衝動に駆られる。2019年に四国と本州を結ぶ「しまなみ海道」を会社の同僚と走った。広島県尾道市から愛媛県今治市までの全長約60㎞の自動車道で瀬戸内海に浮かぶ島々に7本の橋が架かり、各橋には自転車歩行者専用道路が併設されていて、自転車でもすべての島を行き来することができる。ここはサイクリストの聖地として人気を集めている。昔、自動車で走ったことがあり、とても気持ちよかったことを覚えている。

しかし、覚悟はしていたが、自転車で走ると「高低差」が嫌になる。しまなみ海道は島の間に橋がかかり、島に着くと海抜数メートルの高さにある橋から島に向かって急降下する自転車専用道がある。島に降りると島をめぐる自転車道路も整備されていて、再びらせん道路を登って数メートル上の橋上までいく。これを島ごとに繰り返すのだ。相当疲れるので、休憩をたくさんとる。途中の生口島で食べたドルチェ瀬戸田本店のアイスジェラートの味は格別だった。

そこで全国各地から集まる人の話も面白い。もうすでに一度往復して、二往復目だという人や、同じロードを途中で宿泊して制覇するという人など、いろいろな方がいる。船がたくさん見えるし、造船工場も目に入ってきた。やっと到着した今治にあったのが「今治造船」だということも初めて知った。グーグルマップでは、距離60キロの自動車道路だが、これを自転車で走るとその距離は長くなり、高低差があり、食があり温泉があり会話がある。経験してみないとわからないものがたくさんある。


設備投資もせず、人件費も上げず、ただただ内部留保を蓄える日本企業の経営者を皮肉り、私は「『石橋をたたいて壊す』経営」と呼ぶ。すると、多くの経営者から「経営が失敗したら会社はつぶれてしまう。『慎重にも慎重』という行動は、経営者なら当たり前だ」とお叱りを受ける。私も負けじと「リスクを取るのが民間企業で、ちゃんと成功しているところも多い」と指摘する。このとき次に必ず出るのが「でも……」の文脈である。

たとえば出版業界は、このところ文字離れなどで出版業界全体として10年前と比べてみると、減少率は2ケタを超えて縮小してきた。しかし2020年は「鬼滅の刃」が大ヒットし、売上を大幅にプラスにした。これに対しては「でも、あれ（コミックス）は『本の王道』ではないからなぁ」と皮肉る。儲かっていながらそれを否定する？　わけがわからない。

最近のデータビジネスもそうだ。どの企業も自力でデータを集める力はないのに、「まずデータを集めてどんなビジネスが展開できるのか考えてから取り掛かろう」と言いつつ、結局何も動かない。そのとき出てくる言葉が「でも、データを集めて何に使えるかわからなかったら、コストだけかかるばかりだからなぁ」と言う。サントリー創業者・鳥井信次郎氏の「やってみなはれ」ではないが、トライする精神は古くは日本にあったはずだ。やってみなければ、失敗はしないが成功は絶対にない。

このような後ろ向きの「でも……」発想で、改善するチャンスをみすみす逃し、なかったことにする経営陣では、将来お先真っ暗だ。このような体質を持つ会社を私は「デモクラシー」ならぬ「DEMO暗いー」（オヤジギャグ！）と呼び、悲観的な経営として警鐘を鳴らしている。不況は自分たちが創った「幻想」にすぎない。

いままでのように社会経済が同じレールの上に乗っているなら、遅れて事業を始めても体力のある会社は同業の先行する会社をひっくり返せるかもしれない。しかしいまの産業構造ではライバルは同業とは限らない。また同じレールはなく最初の成功者がすべてを根こそぎ持っていく構造になってしまっている。過去の成功体験のみの判断で経営するバックミラー経営は現在では成立しない。そればかりか前を見ないで運転しているのだから、この先交通事故は必至である。

小学生の時、夏休みの課題で「カビ」の実験をした。食パンを細切りにして、家のいたるところにそれを置き、毎日カビが生えるかどうかを観察した。冷蔵庫の中でもカビは生えるのだと自分で発見できたし、タンスの服のわきの下のところにパンを置いてカビが生えたことは最大の発見だった。ただ母親には、何でそんなことをしたのか、とすごく怒られた。

怒られることを考えたらやれなかった実験だ。

最初からチャンスだとわかっているなら、もう誰かがやっている。いろいろトライする中にチャンスはある。日本もやる前から、失敗、怒られることばかり考えて石橋をたたいて壊すのではなく、まずはやってみればいいじゃないか。

「多数派」がルールを決める

エスカレーターで「片側空け」て急ぐ人は右側というやり方よりも、実は二列に並ぶほうが、効率的で安全だそうだ。同じ時間に運べる人数は二列並びのほうがよいらしい。私はエスカレーターでは、左側に立ち止まらず歩いて昇る派である。どうも立ち止まって背後に人が並ぶと、後ろからジロジロみられていると感じるのが嫌なので、ついつい歩く。効率・安全的とは言えない片側空けという慣習はどうやって決まったのだろうか。

スポーツの世界ではルールがころころ変わり、その後の勝敗が大きく左右される。アルペンスキー・ジャンプでは複合団体で1992年アルベールビル、94年リレハンメル五輪で日本が連覇すると、2000年のルール改正で日本が得意なジャンプの比率が低くなった。このあと複合日本は五輪で4大会連続、表彰台を逃し続けた。ジャンプも98年長野五輪で男子団体と船木が金メダルに輝いた。その後スキー板の長さが短めに改正され、身長の低い日本選手は浮力の点で不利となっていく。

昔の日本では、ルールが変更され、たとえ不利になってもそれを克服するくらい強くなればいいじゃないかという精神論に近い意見も強くあった。逆にわれわれがメジャーになってその分野のルールを自分たちが決めればよいと主張する人もたくさんいた。しかし、それはかなり甘い。世界のルールはパワーバランスがシビアに表れる。ルール自体が強いものに杭を打ち弱体化させるし、強いものがルールをつくれるわけではない。

スイスで2020年6月に開かれた国連人権理事会で、中国による香港国家安全維持法導入の賛否が問われ、「中国に反対」が日本や欧州などの27カ国だったのに対し、「賛成」はその2倍近い53カ国という結果が出た。この問題は人権問題であり、中国のとった香港での対応は許されるべきではない。そうであれば中国に反対する国が圧倒的に多くなってもよいはずである。しかし、現実は、民主主義のルールを守ることを優先に思っている先進民主主義国よりも、他国が自分たちの内政に関与するなという国のほうが世界では多かったのだ。「正しいから」ではなく「多数派」が意思決定・ルールとなるのだ。

民主主義のルールを守ることよりも内政干渉反対のほうに票が入り決議される、というのは、一見すると「ねじれ」た関係にあるように見えるが、しかしこれも民主主義の原点である多数決を尊重しなければならないという矛盾をはらむから、話はややこしくなる。

日本は反捕鯨国との間でクジラの資源利用をめぐる考え方の溝が埋まらないとして、

2019年にクジラの資源管理を話し合う国際機関である国際捕鯨委員会（IWC）から正式に脱退した。それにより1988年以降中断していた商業捕鯨を31年ぶりに再開した。一方、捕鯨をずっと続けてきているノルウェーは世界の批判にさらされていない。日本とノルウェーのちがいはどこにあるのか？

1853年、アメリカのペリー提督は黒船で来航し、日本に開港を迫った。その理由の一つに、小笠原を捕鯨船の補給基地として利用する目的があった。そのアメリカが150年前さんざん世界で獲りまくった捕鯨について、今日日本に大反対をしている。ルールづくりは、時間や立場で形勢がいくらでも変わる。常にルールづくり・意思決定に関与し、多数派になり続けることが大事になる。

広がるESG（環境・社会・ガバナンス）も国際ルールづくりの主導権争いが激しさを増している。

欧州は二酸化炭素の排出が多くESGができていない企業に対してネガティブスクリーニングをかけ、絶対服従の制度設計に向かう。一方アメリカは従来の高収益という評価尺度にESGで重要視される非財務情報などを加味した評価制度を目指そうとしている。日本はちょうどこの中間に位置する。日本企業は装置産業が多く二酸化炭素の排出が多い。またアメリカに比べて収益率が低い。このため欧州型とアメリカ型の両方の評価からみて日本企業はランキングが下がるようになっている。ちょうど股裂き状態となりかねない。

本来であれば日本企業が不利にならないようなＥＳＧの評価ルールを形成しなければいけなかったのだが、日本は出遅れている。

世界の投資資金はＥＳＧの優良銘柄に投資を行っている。たとえ日本の資金であってもＥＳＧの評価基準が欧州やアメリカ型となり日本企業に不利となったら海外に流れてしまう。日本の資金で日本企業をいじめてしまう展開に陥り始めている。

これから国際標準づくりの舞台ではデータ、脱炭素、デジタル通貨などをめぐる熾烈な闘いが行われる。日本がルールづくりに関与し続けるために、ルールがつくられる国際機関での発言権を確保しないといけない。日本は２０１９年７月に国際原子力機関（ＩＡＥＡ）の天野之弥前事務局長が亡くなり、31年ぶりに国連傘下の国際機関のトップがゼロとなって以降、21年秋に万国郵便連合国際事務局長に目時《めとき》政彦氏が就任するまで不在だった。

「日本は選ばれる」という幻想

エコノミストをしている傍ら、毎年というわけではないが、ときどき私立大学で一コマ学生を教えてよと言われて、教鞭をとっている。現代日本経済・金融論などと題して、ここ20−30年の日本の姿を学生に教えている。

2000年半ばに中国からの留学生が私の講義を受講していた。小柄な彼女はいつも講義が終わると前方の教壇にきてその日の講義についての質問をする。すごく勉強していて、私はいつも感心していた。最初の頃は自国の中国での課題に日本の状況を照らし合わせ、こんな解決策が中国ではありそうだと、前向きな意見が多かった。特に彼女は少子高齢化への関心が高かった。中国は社会保障制度が十分でない。社会保障がしっかりしている日本の制度を勉強してそのノウハウを持ち帰り、ビジネスを展開するか、役人になって政策に役立てたいと意気揚々としていた。しかし、いつからか質問の内容が変わってしまった。

ある時、いつものように質問をするのかと思ったら「なんで私は日本に留学に来たんでしょうか？」と聞いてくるではないか。彼女は中国語、英語、日本語、さらに数カ国語しゃべれると言っていた。留学先は欧米などたくさんの国に行けたが、なぜ日本を選んでしまったのか、あきらかに失敗だったと言わんばかりだった。

話を聞いていると「日本に来たら学生は勉強しないし、講義の内容はダメな日本の話ばかり、テレビをつけるとグタグタの政治。将来中国でビジネスを起こしても、ダメになる日本とのかかわりはあるとは思えない」と文句だらけだ。こんな日本に居続けても私の将来にプラスにならないと言い出した。

「選んだのはあなたでしょう。こちらに責任を押しつけないでほしい」と突き放すのは簡単だったが、私はぐっと耐えた。過去、少なくとも彼女は日本への強いあこがれがあって、日本を留学先として選んだはずだ。しかしそのあこがれと現実があまりに乖離してしまっていて、自分の選択が取り返しのつかない間違いだと悲しんでいる。一教員として、一日本人として申し訳ないという気持ちになったからだ。

1985年に来日した莫邦富氏は、日本在住の中国人作家・ジャーナリストとして有名だ。政治や経済だけでなく社会・文化に至る幅広い領域で発言を続け、「新華僑」や「蛇頭」といった言葉を日本に定着させた。彼は、辞書もなく日本語の本も閲覧禁止だった文化大革命のさなか、1973年から日本語を学び、最も早くから新しい日本映画や文学を中国に紹介してきた。あこがれの日本への訪問がかない、帰国する直前に起こった89年の天安門事件で、日本に残り文筆活動をすることを決意する。

その莫氏が『これは私が愛した日本なのか』では日本に対して「『ジャパン・アズ・ナンバーワン』という夢から目を覚ましてほしい、いまから努力すれば，失地挽回はまだ可能だ」と、それまでの日本に対する敬意や称賛から、嘆きのトーンが滲み出るような内容へと、心に大きな変化が生じたことを吐露している。

日本の中では、日本が門戸を開けばいくらでも世界の優秀な留学生や技術者が日本に集まってくる、という考えがいまだに強い。最近では香港が民主化を封殺されたことで、その機能を日本が担うという「国際金融都市再誘致」議論が盛んになっている。日本では東京や大阪、福岡が手を挙げているが、選ぶのは世界の人であり、日本は選ばれる側である。1980年代なら日本が誘致すれば世界の注目は高く、そのチャンスもあったと思う。しかし、いまだに規制が強くビジネスや生活の障害がこれだけ高いままであり、将来の悲観論がこれだけ台頭している日本が選ばれるかというと、そのポテンシャルは低下していると言わざるを得ない。世界銀行が毎年公表する世界ビジネス環境ランキングで、2019年で日本の順位は先進36カ国中18位である。

中国からの留学生の彼女とは、その1年だけの付き合いだったが、その後どうしているのだろうか。大活躍してくれているといいなあと思う。少なくとも日本に留学したことをいまだに悔いていることだけはないとよいのだが。

その数年後、非常勤で講義をしている時に、学生があまりに講義中に携帯を操作しているので、「携帯を講義中にやっていたらこの講義の単位は与えない。覚悟してください」と第一回目の講義の時に宣言した。それから数週間後、私は講義開始まもなく携帯を触っている学生を見つけ、学生の席に歩み寄り「いま携帯やっていたよね？」と言った。学生からは、「え？　携帯じゃなくてスマホですけど」と言い返された。こんな屁理屈を思いつくんだったら、その前にもっとやることがあるし、気がつかなきゃならないことがあるだろう！　と怒りがふつふつと湧いてきた。

頑張っている日本人、頑張っている日本企業はたくさんある。しかしこの学生と同じように、日本全体の雰囲気が、いつもどうしようもない屁理屈を言い続けているように感じてしまう。

それぞれの「あたりまえ」

会社生活を始めたころ、先輩に「歴史は面白いぞ〜」と言われたが、「歴史」と聞いた瞬間に「古くさ！」と反応し、敬遠していた。しかし、あっという間に若者時代は過ぎ、40代半ばくらいから、この先輩の思いがわかるようになってきた。日本で最初にラーメンを食べたのは徳川光圀だったとか、「敵は本能寺にあり」と言ったのは、実は明智光秀ではなかったとか、特に歴史人物ネタは飲み屋での「うんちく」として最高だ。歴史ネタだとみんなにとって共通の「話材」として楽しめる。しかし、会社生活を始めたばかりの若者が相手となると、いささかギャップを感じる。

私は１９９２年から社会人となり、95年から今のエコノミスト稼業をスタートさせた。私のエコノミストの経験はほぼ平成期の「失われた30年」に重なる。

１９９７年は日本にとって大きな転換点だった。４月に消費税５％への引き上げ、７月にはアジア通貨危機、秋から年末にかけては日本の金融危機、さらには景気低迷、デフレ、そして「失われた30年」へとつながる。この時期から日本は異常な環境に突入した。

しかし、今春（２０２１年）大学を卒業した社会人の多くは１９９８年生まれである。その若者の記憶の中では低成長、デフレ、ゼロ金利、株価低迷、円高などはあたりまえで、異常だとは思っていないように感じる。生まれ育った「どんより不況」の平成の空気が彼らにとって日常の世界なのだ。

非常勤講師として大学で講義をする際、私にとって「異常」に映ることを「異常なこと」として学生に理解してもらうことに苦労している。デフレは異常だ、ゼロ金利は異常だ、この巨額の財政赤字は異常だと、汗かきかき熱弁をふるっても、学生の多くはゼロ金利、借金づけの日本財政しか知らず、「オヤジ世代はくどい」としか感じていないと思えてしまう。そう、彼らには「実感」がないのだ。


娘が小学生の頃、グッピーを飼いたいと言うので、10匹購入した。新しい水槽、砂利や水草を入れ空気ポンプも用意した。最初は娘が世話をする約束だったが、餌やりはするが水換えをするときにグッピーに触れたくないと言って、水替えをしなくなった。私が餌をやろうと近づくと、グッピーは寄ってくる。それがかわいくて、いつしか私がグッピーの世話をすべてみた。娘は虫、魚に触れない。でも、めだかなどの魚の絵は描ける。尾ひれ、背びれといった細部まで知っている。テレビでそして図鑑で見ているからだ。知識の多くがバーチャルなのだ。

私は、小学校時代、帰り道で蛇を見つけると、まず頭を足で踏みつけ、そして右手でしっぽを掴み、勢いよく振り回していた。思いっきり振らないと、蛇は丸まり自分の手に絡みついて噛まれるが、力いっぱいやれば蛇が棒になる、と娘に話をした。この、いつもは「避けたがる」オヤジの昔話に、娘は興味津々だった。都会で蛇を触ることがない娘にとって、私の話は擬似体験を可能にする。

この擬似体験をさせることが、若者とのギャップを縮めることになるのかもしれない。くどい先輩と思われても、彼らが擬似体験できるくらい面白く自分の経験を語ろうと思う。金利ゼロの世界が異常事態、非伝統と年配世代は言うが、若者は年配者が言う「正常な」状態を知らない。いや、何が「正常」なのかもわからないのだろう。そうであれば、年配者が正常だと信じるものを一生懸命伝えなければいけないし、年配者があたりまえだと信じるものを正確に丁寧に伝えないといけない。

森喜朗・元首相は、東京オリンピック・パラリンピック競技大会組織委員会の会長としてオリンピックを開催して、その成功を花道に政界を引退する予定だった。しかし、最後の最後で本当に軽はずみな一言を洩らし、それを棒に振った。森元首相には、昔から何回か「あんなこと言わなきゃいいのに」という失言癖があったが、こんな土壇場でまたそれが出てしまったことに驚いた。

彼の所作に対して批判的な声がすごいが、私は森元首相には別の感情・印象も持っている。それは、ものすごくたくさんの聴衆を長時間、飽きさせないで面白い話材を提供して話す講演ができる能力が高いということだ。森元首相ほどの話術と経験と話題を持っている政治家は、ほかにはそんなには多くないという事実も知っている。

だが、森元首相の致命傷は、このいまの時代感覚を持っていなかったということだ。まさに「時差ぼけ」であり、それは受け入れられるわけはない。私が若者に感じるギャップ以上に、若者はこの年配者の「あり得ない」発言に対して、大きなギャップを感じたのだろう。伝えるものは正確なもの、そして何よりも時差ぼけでない、いまでも常識であるものでなければならない。

「みんな」はどこにいる?

「みんな持ってるから買って!」と子供に言われたとき、私は、すぐ意地悪頭が動き出し、「みんなって誰かなあ? 名前を言ってみてよ。みんなって何人なのかなあ?」と娘に詰め寄る。娘から出てきた名前は4人。私は「『みんな』にしては少ないねえ?」と言うと、娘は「もういいよ」と怒る。数日間娘との会話がなくなり、最終的に私が「言いすぎました。ごめんなさい。買います」と娘に詫びを入れ、許してもらう。こんなことの繰り返しが、わが家にはある。娘の「みんな」はよく遊ぶ友達の大多数、私の「みんな」は日本中の、娘と同世代の女子の数である。両者が一致するはずがない。

エコノミストが取り扱う経済では、代表的な個人や企業を念頭に置いて「一般的には……」という説明が常套手段である。近年のミクロ的基礎を持つマクロ経済学で多く見られるモデルの一種である。マクロ経済の中にいる多くの消費者が「すべての消費者が同一の性質を持つ」と仮定することによって、ミクロレベルの行動とマクロレベルの変数の関係を単純化する。しかし、経済が多様化し考え方すら大きなちがいが存在する社会になった現在、「代表的な意見」を把握することは、きわめて困難になっている。

ある朝、ある政治家から「ＮＨＫ、読売新聞に◯◯とある。ということは、これは世論だと取って大丈夫かな？」と聞かれた。たしかにエコノミストを始めた１９９０年代であれば、巨大マスコミのオピニオンは国民のコンセンサス、世論であったのかもしれないが、今は世代によって世論は異なるので、一概にそうとは言い切れない。

今般の学生は新聞というものをほとんど読まない。２０００年代に大学の非常勤講師を務めていた時に、授業中に質問される政治経済問題は、ヤフーサイトのトップに出てくるニュースで、当時毎日新聞が記事を無料配信していたニュースを学生は読んでいた。学生の中のコンセンサスは政治家とはちがう。

ちょっと前の本だが、小口日出彦著の『情報参謀』は面白い。この本は自民党が２００９年に下野してから４年で政権を奪還したが、その水面下で、テレビとネットのメタデータを縦横無尽に駆使した政治情勢分析会議が極秘裏に行われていたことを記した一冊だ。１４６１日間、自民党をデータ分析で導いた人物が初めて明かした好著だ。著者は硬派から軟派まで、あらゆるマスコミのニュースを解析し、世論はどこにあるのか、与党の主張のどこを攻めればよいのかを分析しまくった。

当時、自民党でそれを仕切っていたのが、茂木敏充氏、平井卓也氏、世耕弘成氏らである。後半に自民党広報部長として小池百合子氏が出てくる。小池氏のマスコミに対する発信がうまいと感じるのも、この経験が影響しているように思う。

昔はありとあらゆるデータを分析することで、世論やコンセンサスを把握可能だったかもしれない。アメリカのジャーナリストであるウォルター・リップマンは、1922年に著した『世論』で、ステレオタイプなど世論にはバイアスが存在していることを古くから指摘していたが、最近ではインターネットの検索サイトが提供するアルゴリズムが、各ユーザーが見たくないような情報を遮断する機能（フィルター）のせいで、まるで「泡」（バブル）の中に包まれたように、自分が見たい情報しか見えなくなるフィルターバブルがあたりまえになってくると、自分が属している情報源に大きく価値観や考え方が分断されることが起こってきている。

私は娘の「4人」という「みんな」の括り方を馬鹿にしたが、実は私が言う日本すべての若者女子という母集団を考えるほうが非現実的なのかもしれない。

「正価」主義の偽り

「うちの会社も人事評価を成果主義に変えるぞ！」と社長が旗を振った。でも人事担当役員が、成果主義の成果はどんなふうに決めましょうか？　誰が決めるのでしょうか？と聞いたらしい。社長は「私はゴマすりで社長になったので、人事担当のあなたがやりなさい」と言った。人事担当役員も「私もゴマすりですので」と答えた――という、笑えないジョークを経営者の方からお聞きした。

私も、もし自分が成果主義で部下の評価をすることになったら、正直できない。数字的なノルマで自動的にポイントが加算されていく制度ならそれを「成果主義」として評価できそうな気はするが、各人の仕事の「質」を問われると、正確でみんなに納得してもらえるジャッジができるとは思えない。たとえばレポートを10本仕上げた者がいたとしよう。だが、問題は10本という「数」ではなく、内容の充実度のはずだ。中身の優劣をどうつけるかも難しいし、価値観は人によって異なる。また、プレゼンを10人から聞いて、その順位をどうつけたらよいのかもわからない。誰か教えてくれ！

何が正解かもわからないのに「成果主義」の御旗の下に部下を両断する。これを「偽りの『正価』主義」と言わずして、何と呼ぶべきか。

日本では1990年代から、実力主義とか成果主義といった言葉が何回も使われ、新しい人事制度が始まるという話が繰り返されてきた。日本で主流のメンバーシップ型雇用が人に対して仕事を割り当てるのに対し、ジョブ型雇用では仕事に対して人を割り当てる。メンバーシップ型は終身雇用・年功序列主義になじみ、ジョブ型は成果主義になじむとされている。

この切り替えができにくい大きな理由のひとつに「上司バカ論」がある。自分たちを管理する立場の「上司」が無能だと、自分たちは適正に評価されていないのではないか、という下の者からの不満と不安が出る。かつて、プロ野球で阪神タイガースの江本孟紀投手が途中交代させられて「ベンチがアホやから野球でけへん」と言い放った事件もあった。管理職の評価能力に不安がある場合は「適切な運用が難しい」といったマイルドな言葉になっているが、要は上司がバカでわれわれの業績を評価できるわけがないというものだ。

でも、バカ呼ばわりされる上司にとっても、今まで手をこすって上司にご機嫌を取りながら出世してきたのだから、まともに業績の評価なんかしている人を見たこともないし、どうやったらいいのかわからないというのがホンネだろう。正確なマニュアルがある会社は限りなく少ない。私も若い時に飲み会では、ご多分に洩れず「上司バカ論」を展開していた。上司の悪口は酒の肴としては最高品ですから。でも自分が上司になってみるとこの議論が展開され、ましてや自分の耳に入ったら、立ち直れないダメージを食らってしまう。

終身雇用・年功序列主義は「サラリーマン」という最強兵器を創り出した。その最強兵器サラリーマンも時代の認識とともに呼び名が変わってきた。

私の時代、会社員は「サラリーマン」と呼ぶのが一般的であり、その少しあとに「ビジネスマン」、それからビジネスパーソンに呼び方が変わった。私の前の世代には、会社員は「勤め人」と呼ばれていた。時代にはその時代に染みついた時代の空気を表す言葉がつきものだ。私は本書では、慣れ親しんだ「サラリーマン」や「ビジネスマン」を使わせてもらう。

サラリーマンは「長時間残業、転勤はどこでも、仕事の内容はどんなことでもやる」という無限定の社員がその姿だ。「24時間働けますか?」というキャッチコピーが有名になったCMが1980年代のイケイケどんどん時代にはあったが、いまではパワハラで引っかかるであろう。もしいまこんなパワフル従業員がいるなら、経営者にとってはなんともありがたい存在だ。

しかし、このままでは多様化する人材獲得はできない。特に日本の終身・年功序列型の雇用制度は「デジタル」に対応できないことも問題となっている。

デジタルトランスフォーメーション（DX）に取り組む多くの日本企業の目標でもあるアメリカIT企業群「GAFA（ガーファ）」。時価総額は世界ランキングの上位を総なめにしている。ここ数年では中国IT企業群「BATH（バースもしくはバス）」が続々と企業価値を上げ、GAFAを追い上げている。GDPという経済規模では世界三位の日本の企業は影もかたちもない。いまの評価体系のままでは世界の優秀な人材はとれるはずもなく、さらにこの差は開くばかりだ。

国内でもデジタルに強い優秀な人材が年功処遇では獲得ができなくなっている。新卒採用市場でも、職種が選べて、すぐに大きな仕事ができる外資系企業やコンサルに進む学生が増えている。デジタルの世界はコピペが簡単にできる。だからスピードが従来の経営では考えられないほど速い。できる人材をその時にポストにあて、きちんと処遇し、組織を回さない限り、流れにはついていけない。これまでのようにジェネラリストをつくるために数年で会社のいたるところをローテしながら、ゆっくり昇格を果たすという制度では到底世界で起こっているデジタル革命についてはいけない。せっかくとった優秀人材も宝の持ち腐れになってしまう。日本企業も職務内容を決めて人を採用する欧米型のジョブ型雇用に変化していかないとどうにもならなくなっている。

上司バカ論は、私が会社生活を始めた90年代から、いまもかたちを変えながらも30年以上生き残っている。どの会社もかなりがっちりとした人事制度をつくってしまったので、これを一気に破壊するのは本当に難しい。べき論では私もいろいろ言えるが、具体的にどこから手をつけてよいか、大阪人の「しらんけど」ではないが、いささか投げやりな気持ちにもなってしまう。

「不健康自慢」の顛末

飲み会で、古い友達から「おふくろに、私の介護はどうなるの？　と聞かれたよ」と打ち明けられた。私たち50代もそういう年頃になったということである。

友達との飲み会でのちょっと前の会話では、最近酒が弱くなった、髪が薄くなった、肩が痛くて上がらなくなった、細かい字が見えない、人間ドックで尿酸値が引っかかったなど、メインテーマが「不健康自慢」であった。最近、それが深刻な「親の介護問題」へシフトし始めている。「老老介護」問題がいよいよ身近になってきているのだ。親の介護は先が見通せない問題だけに、その日の酒量が嵩んだ。友達の話を聞きながら、頭の片隅では自分の親の介護のことが離れなかった。

私にとって自分の親の像は、いまでも自分が若い頃の親である。親の介護問題を考えておかなければならないことは頭では理解しているが、どこかで自分の親はまだ大丈夫と現実から目をそらし、兄弟、妻に言い出さなくてもいいよな、と逃げてきた。

私の親は新潟、妻の親は秋田にいる。親の介護をするとなれば、現実的に誰がどれだけ介護の負担をするのか、なあなあではない決め事が必要になる。

新潟の母親が数年前に倒れた。そのとき、24時間の看護をつけてくださいと病院に言われ、親戚の皆さんにお願いした。しかしおじさんもおばさんも母よりも高齢で、夜の看護は無理だということになった。いろいろな民間のサービス会社にお願いしたが、やっと引き受けていただいたのは元看護師さんで、60歳を超えた方だった。1週間3日の夜間をお願いして、残る日は家族、親戚で見た。私は金曜日に東京から新潟に向かい、金曜の夜から、月曜日の朝までを担当した。しかし、それを2週間繰り返したら、自分が体調を崩した。

幸い、母は数週間の入院で済んだ。もし長期になっていたら家族、親戚ではどうにも対応できなかっただろう。


昔からよく知る中小企業の社長から、会社で勃発した介護問題の話を聞いた。「矢嶋さんとも数回一緒に飲んだ、あの○○部長が、お父さんの介護で会社を辞めると言い出したんだよ。2人の子供も巣立ち東京で暮らしている。一人暮らしをしている高齢のお父さんを自宅に引き取り、親孝行をしようとしているらしい」と言う。

その部長は相当なやり手だ。地方の県庁所在地にないその中小企業は、普通であれば県庁所在地への販路拡大を狙うところだが、そこに経営資源を投下せず、東京はもとより、関西の大都市へ販路を拡大した。その部長の人脈ネットワークを使い、丁寧に着実に販路を拡大していった。また、10年くらい前からネットでの販売も拡大し、最近ではアジアからの引き合いも出てきている。先見の明のある腕利きの営業マンだ。

その販路拡大を指揮した部長が、仕事を辞めようとしている。彼は地方都市の比較的裕福な家の長男で、親から相続されるだろう資産で将来のお金にはそれほど困っていない。社長からすれば、せっかく販路拡大できた取引先との関係もあるので、それこそフレックス制度を利用して毎日数時間だけでも勤務してもらい、あとは電話などで部下に指示を出してもらえればと、「場当たり的」働き方改革を部長に提案したという。

ところが、である、この提案を聞いたほかの社員が社長に食ってかかったという。「なぜ数時間しか働かない人が自分たちよりもポストが上のままで、給与も高いのか。自分たちは長時間労働、年功序列で賃金が低いままなのに不公平だ」と猛反発したそうだ。場当たり的働き方改革が、職場の反発と不満を買った。

2025年には、戦後すぐの第一次ベビーブーム（1947～49年）時に生まれた「団塊の世代」が後期高齢者（75歳）となる。親の介護問題を抱える「家族」の数は数年で急増する。総務省の調査によれば、年間10万人前後が介護のために仕事を辞めている。その多くの人が仕事を辞めたくはなかった、辞めた現在でも仕事がしたいとの希望があるようだ。

介護は「いつまで」という終わりが見えない。働きながら介護ができる働き方の制度に変えなければいけないが、それには時間がかかる。しかし、親の介護は待ってくれない。

数カ月後、あの社長にくだんの部長の件をお聞きすると、結局部長は辞めたという。さらに社長と部下の間にできたしこりは残ったままで、どうにもやりにくいとのことだった。

「空飛ぶ移動体」に、いつ乗れる？

中学生時代、週刊少年ジャンプで連載していた「サーキットの狼」にハマった。主人公・一匹狼の走り屋、風吹裕矢はロータス・ヨーロッパを乗り回す。私が好きだったのは交通機動隊のパトカーの隊員、沖田だ。彼が乗っていた車は、パトカーなのになぜかフェアレディ240ZGでかっ飛んでいた。

漫画の中で描写されるスーパーカーはとにかく速くかっこいい。その姿にあこがれ、車のラジコンを作った。店で購入した車のラジコンのボディーに、別に手に入れた破壊力あるモーターをつけ爆走させた。家の壁にぶつかり破損を繰り返した。

社会人になり、友人から本物のガソリン車を購入した。最初、ブルンブルンというエンジン音がなんとも心地よかった。しかし、運転が一向にうまくならず、毎回の車庫入れに本当に苦労した。1年もたたないうちに車の運転が嫌になってしまった。私が好きだったのは、漫画の世界とそれを夢見てラジコンを作ることだったようだ。

言うまでもなく日本にとって自動車は産業の中心であり、日本の競争力の四番バッターである。いま、この自動車産業で天変地異が起きようとしている。日本が得意としてきたガソリン車の時代は終わり、世界は空前のＥＶ車ブームに突入した。日本は２０３０年半ばにはガソリン車の販売が終わる。世界中が一気にＥＶ化へと舵を切った。

ガソリン車のエンジンは匠の技術が凝縮した最高傑作だ。ＥＶ車はプラモの世界で、誰でも作れる。これからのＥＶ車は自動運転とセットになり、車体だけでなくＡＩ、ＩoＴ、スマートハイウェイのためのインフラなどさまざまな要素が付加される。われわれにとって一生に一度の大転換が起こり、世界が１００年前に馬車から自動車に移行したように、近い将来、見たことのない移動体が誕生する。移動やその中での空間・時間を、今とはちがったかたちで楽しめることになる。

私は、仕事から自宅への帰宅時は、移動体の中では寝ころびたい。ビールも軽く一杯飲みたい。蒸れる革靴を脱ぎたいし、足をきれいにして足裏マッサージを受けたい。家族と旅行で移動体を利用するなら、これから訪れる旅行先の情報をモニターでわかりやすく知りたい。乗車時間が長いので簡単なご飯や淹れたてのコーヒーも飲みたい。友達と旅行に行くなら、到着までの時間で麻雀をしたい。移動体の中でメディカルチェックを受けたり、デジタル診療もしてほしい――。こんな願望はあと数年で簡単に実現する社会になるのだろう。

従来のガソリン車を作っていた自動車会社は、長年培ってきた車体ノウハウなどを基礎に、ソフト技術を付加してＥＶ車の競争に出てくる。一方、アップルなどＩＴ企業をはじめ、多くの新興メーカーが自動車産業にニューカマーとして参入している。

日本の自動車産業はいまでも世界で競争力がある。ただし技術力や効率性も大事だが、１００年に一度のゲームチェンジは、シンプルに「人々をどんな方法で魅了するか」で勝敗が決まる。「今の自動車産業はなくなり、新たに移動体産業が誕生する」――。ちょっとした言葉のちがいだが、そこに向けての努力は相当なものになる。少し俯瞰すれば先進国は必ず強い自動車会社を持ち、それが産業の中心となっている。その産業が地殻変動を起こし、それがやがてすべての産業に波及し、すべての産業が形を変えていくことになる。

「ドク！　加速するには道が足りないよ」「道だと？　道などいらん」――映画「バック・トゥ・ザ・フューチャー」の最後で、クルマ型のタイムマシーン「デロリアン」が空を飛ぶ（時空を移動する）シーンだ。タイムマシーンが実用化されるかは別として、この映画に描かれている未来図はあと数年で、当時の予想スピードを超えて現実化してくるはずだ。道路がない、空を飛ぶなんてことはあたりまえになる。

私が「サーキットの狼」で魅了されたようなエンジン音や速さといった「ワクワク」を追求する人には、次世代の移動体は少し物足りなさを感じるのかもしれない。しかし、その移動体はガソリン車の延長線上にはないのだから仕方がない。私は、現在の自動車に関心がなくなったが、次世代の移動体が早く誕生しないか、ワクワクしている。自動車は移動体へと産業転換が起きる。自動車で培ったノウハウを使いながらも、自動車に固執しない柔軟な発想や他業態との連携がなければ、この地殻変動には生き残れない。

誰も傷つかない言葉

定期的に出演しているテレビ東京の「モーニングサテライト」で、2015年7月に国家戦略特区「兵庫県養父《やぶ》市の取り組み」を紹介した。頑張っている市町村を全国に知ってもらうことで、モチベーションが上がり、さらに成功してほしい、そのお役にちょっとでも立てたら、と思っていた。

養父市は兵庫県の北部に位置する、人口2・5万人の小都市である。面積の84％が山林と農業に不向きな市だが、2014年、地域限定の規制緩和で活性化を目指す国家戦略特区の「農業特区」に指定された。農地の権利移転などの権限を農業委員会から市長に移譲する特例が認められ、企業の農業参入が後押しされた。大手企業、地元JAと自治体が農業生産法人を設立し、活動を始めている。廃校となった小学校の体育館を植物工場に改造して民間企業が参入し、レタスを栽培。生産・販売・物流の体制を確立し、1日3000

株を出荷、1個200円程度で関西圏などのスーパーで販売している。雇用も地域住民から生まれているといった内容だ。

知り合いからの反響は真っ二つに割れた。「企業、地元JA、自治体の三者が手を組んでやるとはすごい」「山林の多い農地で稼ぎ、雇用を創み出しているとは参考になる」など称賛の声があった一方で、「特区だからできることで、私のところの地域ではうまくいくはずがない」「私のところでは企業が参入してくれるはずはない」「雇用が生まれたとか、販売が増えたといってもほんの少しの人数、金額でしょ?」といった否定的な感想もいくつかいただいた。

地方により事情は異なる。どこかで成功した取り組みが他の地方でうまくいく保証もない。地方創生は千差万別で、賛否もいろいろあってよいと思う。

私は18歳まで新潟・高田で育ったのち、東京の大学を受験・合格し、上京した。そのまま東京に居つき、職を得ていまだに東京に住みついている。東京の生活のほうが新潟の生活よりも長くなっている。地方創生にかかわる地方の行政や企業の方々とは20年以上の付き合いとなっている。自分の地元・新潟や知り合いのいる地方が創生を果たしてほしいと強く思っている。私ができることは限られているが、協力できることはしたいと思っている。一方で、私は「地方を捨てた人間」といううしろめたさが常にある。

新潟の旧友に、以前、きつい一言をいわれた。「高校まで地方の金で矢嶋を育てたのに、いざ大学を出て就職し、税金を納める段になったら東京に納めるとは……」。返す言葉もない。

高校の同期会をやろうと思うと、地元の高田で集まるよりも東京で集まったほうがたくさんの人が来る昨今、東京に住みながら「故郷を想っている」などとは、いささか無責任だとの誹りを受けることはわかっている。だが、せめてテレビ出演して、大都市以外の地方を活性化する方策を訴えかけることで、少しでもその「無責任」の穴埋めをしていきたいのだ。

将来に向けていま動かなければ、若者は地方から都市に動く。その子供やさらにその先の将来世代はその地方には決して戻ってこない。結局、地方創生は、都会から人が来てやってくれることを期待するにとどまりがちだが、そう簡単にはことは運ばない。その地方に残った人から、ふつふつと何かをしなければという熱い情熱が出てこないと事態は動かない。内部からの覚醒が起きなければ無理なのだ。

日本の人口は２００９年から12年連続で減少している。都道府県で増加したのは東京都、神奈川県、沖縄県、千葉県、埼玉県の１都４県のみだ。すべての自治体がいまのままのかたちで将来を迎えるわけではない。今後、多くの都市で人口規模は、急速に縮小する。北海道、東北、中国、四国など過疎化が進む地域では、県庁所在地であっても２０４０年には20万人程度の規模になってくるところが多く出てくる。

地方の中核都市を維持可能なものにしておかなければ、医療介護を考えると、創生により維持可能となる市区町村が、都道府県ごとにひとつふたつないとまずい。現実的には県庁所在地とそれに続く規模の市区町村のいくつかを最優先で創生することになり、それと引き換えにほかは急速に人が減るはずだ。

２０２０年時点で、日本には市町村が１７００以上存在する。三大都市圏を除く20万人以上の市区町村は、およそ50しかない。おそらく創生の対象はその数の2～3倍程度にしかならない。

グーグルアースで夜の日本とアメリカの状況を見ると、アメリカは国土が広いため、明かりがないところが多い。一方日本は、山間部にも明かりが点在している。結構国土の隅々まで人が住んでいることがわかる。行政サービスの効率を上げるためには「点在」ではだめで、「集積・集中」が必要不可欠である。

「地方創生」という言葉は誰も傷つかない。地方すべてがそれなりの創生を果たせるというニュアンスを内包した言葉になっているが、現実はすべての市区町村が創生を達成することはできない。地方創生は一律ではなく千差万別ではある。しかし、千差万別であっても一律創生を果たせるわけでないことは間違いない。

「想定外」という名の逃げ道

新型コロナウイルス感染防止のワクチン接種を何としても広げたい。そこで各国で、接種勧誘活動を行った。

アメリカ人には「接種すればあなたはヒーローになれます」、イギリス人には「接種すればあなたはジェントルマンになれます」、フランス人には「別に、接種しなくても問題ありませんよ」、ドイツ人には「接種はルールです」、日本人には「皆さん接種をしてます」――。

――これは「沈みゆくタイタニック号」の派生としてよく使われるエスニックジョークである。日本は世界が認める同調性・協調性を重んじる国民性を有する。それは誇るべきものだと思う。日本は私権を縛るような強い法律がなくても、緊急事態宣言などでも日本人特有の同調性、協調性で危機を乗り切る。東日本大震災や激甚豪雨災害のときなどで、その資質がいかんなく発揮された。

ただ、逆に見れば、危機になっても国家が機能しないという、珍しい国であるともいえる。

新型コロナウイルスの拡大は国を選ばない。だからこそ国ごとにその対応のちがいがはっきりわかった。このコロナ禍で、「過去の仕組みがそうなっているので、なかなか変更するのが難しい」という日本政府の答弁を、嫌というほど聞いた。いま危機だといっているのに、なぜすばやく制度を改め緊急事態に対応できないんだと、多くの国民は思ったはずだ。


アリのコロニーは、一生懸命働いている2割の働きアリが「全体の8割の食料を集めてくる」と言われる。6割は普通に働き、残りの2割のアリは何もしていない。その割合は「2対6対2」の配分になり、これは「働きアリの法則」として知られている。

実は、2割の働かないアリは、危機対応のバッファーである。危機的な状況に陥ってよく働くアリの2割が死滅すると、突然この2割の働かないアリが働き、残った8割のアリで、全体としてはまた2対6対2の分担になりコロニーが動き出す。この働かないアリが存在することで、コロニーとしての安全バランスが確保されているのだ。

翻って、国は、危機時に必要なことは国民に「安心」ではなく「安全」を確実に与えることであるはずだ。そのためには、危機管理対応として、危機時の最悪シナリオをいくつも想定し、それに備えて平時のうちから法制度を整備し、平時のうちから訓練を行うことである。それでも想定を超える事態が発生した時には、政治が強いリーダーシップを発揮して国民の安全確保を行うことである。

日本の歴代内閣は防衛費をGDP比で1%以内に収めてきた。1976年の三木内閣でGNP比1%を「超えない」と閣議決定した。中曽根内閣がその「暗黙のルール」を撤廃し、87~89年度予算では1%を超えたが、現在もGDPを基準にした枠は定めていないものの、90年度以降1%を超えたのは2010年度だけにとどまってきた。これは第二次世界大戦に敗れて二度と軍拡に走らない、世界からそうみられてもいけない、平和憲法や日米安全保障の枠があるのでそんなことをする必要もない、との暗黙の理解があったためだ。

しかし時代は変わった。中国、北朝鮮など周辺国がこれだけ軍拡や核開発に走り、領海内にもしばしば船が侵入を繰り返している今日、日本もそれ相応の準備と対応をしないといけなくなってきた。

日本はアメリカが日米同盟、日米安保条約で守ってくれるからという前提で、軍備増強をタブー視し、楽観的でありすぎることは、もはや現実的ではなくなってきている。ついでに言えば、国民の意識もぬるま湯漬けののんびり状態とも言える。他国との臨戦状態を「想定外」と言っているのは、いまや明らかに時代錯誤なのだという事実を国民はもっと切実に知るべきなのではなかろうか。

世界はいくつかのシナリオを考えて、それに対応するために法律や制度、予算をつけている。しかし日本は屈折するシナリオは考えても対応はしない。対応できていないものを「想定外」と言うが、それではだめだ。

この先、起こってほしくない危機はいくつも想定できる。再び新たな感染症が蔓延するかもしれない。しかし世界に感染症が広がれば、またぞろ日本以外でワクチンや治療薬が開発され、日本はそれを頼って救われる、という他力本願の危機対応でよいのか。

日本国内での危機も想定できる。起こる確率の高い南海トラフ、東京直下型などの地震災害や、国内で化学兵器や生物兵器などが使われるといったテロなど、想像したくないが起こらないとは言えない事態も想定される。

東電の事故調査などの回顧が示すように、日本では「小さな安心を優先」して、「大きな安全を犠牲にする」というパターンがあるとの指摘は、多くの識者が挙げている問題点だ。危機を起こさないように政治外交的な動きをすることは大事だが、危機が起こったときに国家としてどう対応するかを議論し、きちんと準備しておくことも、国家として当然のありようだ。

民間がいくら頑張っても対応できない危機はある。いつまでも想定外という逃げ道を許しておいてはいけない。国内法が有事に対応する憲法上の規定がないことに起因する問題は多い。憲法改正や私権制限などの問題があることは理解するが、難しい問題として決めないことは国の怠慢だ、と偉そうに言っている私も、２０１６年のイギリスの欧州連合離脱是非を問う国民投票で離脱が支持された時、アメリカ大統領選挙でドナルド・トランプがヒラリー・クリントンを破り大統領となった時に、これは「想定外のことが起こった」と思わずコメントしてしまった。「想定外」という言葉を「想定外」に使ってしまっては、まだまだ修行が足りない。もっと深く広く考えなければ。安易な世界に逃げていてはだめだ。

第2章

「異質」の居場所

自分を見る「自分」

私にとって、テレビの生番組に出演することは、とてもいい勉強になっている。何回出ても慣れることはない。いつも緊張し、終わった後に自分の腋の下の汗にびっくりする。青いシャツを着ている時は、シャツの色の変わりように青ざめ、赤いシャツのときには赤面する。

当然、本番で失敗しないように、事前準備は怠りない。番組出演の数時間前に、本番中に解説を求められたり質問されるであろうトピックについて、コメントを用意し、何回も復唱し頭に叩き込む。だが、いざ本番が始まると、自分が話す予定だった時間が短くなったり、質問自体がその場で変更になることもよくある。用意したコメントの数割しか使えず実力を発揮できなかったことも一度や二度ではない。生放送は結局、自分の真の実力の範囲でしかコメントできないし、自分の素《す》が本当によく出てしまう場である。後で録画を見ると、いつもかっこ悪いなあと恥ずかしい気持ちになる。なので、だんだん録画を見る機会も少なくなってきている。

生放送は自分の頭の整理にとても役立つ。コメントするときは、主張のすべてを言うことは時間的に不可能で、優先順位の高いものを数個しか話せない。レポートではたくさん羅列しがちだが、テレビのコメントでその問題を自分なりに発言すると、その問題に対して自分は何を一番に考えているのかが、かなりはっきり認識できる。

最近、自分を見ている「自分」という不思議な存在に、生出演時に気がつくようになった。

世阿弥の能楽論「離見の見」は、演者が「自分」を離れ、観客の立場で自分の姿を見ることである。自分の演技について客観的な視点を持つことが大事だとよく言われる。私の場合、そんな高尚なものではないが、「不思議な自分」は、視聴者の目線を持っている。

この「不思議な自分」はかなり口が悪い。ただ、きわめて本質的なことをアドバイスしてくれる。見え方、伝え方、内容について、きつい指摘をくれる。

見え方＝基本の服装や髪型はきちんとしているか、本番前にもう一度チェックしろという。「肩にふけなんかついてたら、不潔オヤジ丸出しだぞ」と言ってくる。本番中には、誰に私の悪い癖である「猫背になってる」「右肩が下がってる」「目線が下になっていて、誰に向かってしゃべってるんだ」「目が細く小さいんだから、少しぐらい見開けよ」とときどきサインを発してくれる。

伝え方＝コメントしている途中で現れることが多い。私は口呼吸をしてしまうので、マイクに「スー」という音が拾われる。「スースー不愉快だ。口呼吸をやめろ、鼻呼吸にしろ」と怖い顔をする。また、コメントの中に「一般的には」「基本的には」という言葉を発しようとすると、「待て」がかかる。これらの言葉は視聴者の人によっては、「割と常識的なことを、皆さんがわからないというから説明してやっているのだ」とのニュアンスにとられかねない。「感じ悪いぞ、それらは使うな」とかなり厳しくストップがかかる。さらに「可能性がある」とコメントしようとすると、世の中には可能性ゼロのモノはほとんどない。可能性があるという説明では起こるんだか起こらないのか、何を言っているかわからない。「できるだけ『可能性』というワードは使うな。常識だろ」とお叱りを受ける。また説明構成が「逆説の逆説」になりそうになると、「それだったら肯定一回で言えるだろ、中学生の文章じゃないんだぞ、気をつけろ」と指摘してくれる。

内容について＝あれもこれも知ってることを言いたくなるが、「情報過多の説明は、結局視聴者の記憶に残るわけないだろ。印象が悪い、一つに絞れ」と視聴者目線のアドバイスをくれる。アナウンサーやテレビ業界の方は、これらのトレーニングは積んでいると思うが、私はすごくこの自分の中にいる「自分」の存在をありがたく思っている。

この不思議な自分とやり取りをするうちに、自分がテレビでコメントしている時の自分の心理状態がわかるようになってきた。私の口癖は「○○がカギだ」「○○が重要だ」だ。これも「不思議な自分」から指摘を受けたことがある。

たとえばコロナ問題で、「感染を抑え込むことが最優先で、そのためには検査拡充、陽性者の隔離を実施すべきだ」と言い切りで言えればよいが、現実には経済活動とのバランスも必要だし、検査拡充はどの程度までやったらよいのか、私はその規模がわからない。隔離といっても隔離する場所はどうするのかなど、具体的な手段が私にはわからない。その場合、私のコメントは「いかに感染を抑え込めるかがカギだ」と、はっきりとした意見ではなく、焦点をぼかす。自分でそのコメントをした瞬間に、自分はごまかしたとわかる。一見もっともらしい意見のように聞こえるが、実は何も確定的なことを言っておらず、中身、そして意味がないコメントだ。

「不思議な自分」もこの瞬間を聞き逃さず、私に「誰でも言えるコメントを、よく言うよね。自分をみじめと思わないの？」と皮肉ってくる。こういう時に限って日頃私のテレビの生出演を見ない家族が見ていて、帰宅すると「パパはなんで専門家でもないのにテレビに出てるの？　はっきりしないコメントだったね」と傷心している私にどストレートの質問を投げかけてくる。私は「何で呼ばれたんだろうねえ？」と、ムッとしている内心を知られないようにごまかすので精一杯だ。不思議な自分の指摘は悔しいけど的確である。

最近、首相や大臣の発言で「しっかりやる」「きっちり対応する」という言葉をよく聞く。具体的な対応策やゴール設定がないので、私が使う「○○がカギだ」「○○が重要だ」と同じ言い回しで、同じ心境だと私は感じてしまう。彼らにも「もう一人の不思議な自分」が必要なのかもしれない（ああ、また一般論で締め括っている!）。

ダメ日本がつくった若者の「満足」

「とりあえずビール」――飲み屋に入った中高年の決まり文句だ。おしぼりで顔を拭き、さっそく来たビールで乾杯、「くー、うまい」と言ったあとに、枝豆などいつもオーダーするつまみをいくつか、「とりあえずこれで」と注文するのが「儀式」である。

知り合いの社長の会社に、久々に新入社員が入った。入社初日から、先輩が新入社員に熱を入れて仕事の説明をしている。夕方になり社長は、そろそろ新人クンを先輩から解放してやろうと思い、「初日だから歓迎会に連れ出していいかなあ」と先輩に伝えた。社長と新人の二人は社長の行きつけの小さなおでん屋に行った。お決まりの「とりあえずビール」と店長にお願いすると、新人は「私は飲めないのでウーロン茶をお願いします」と店長に伝えた。

そして乾杯をし、社長が店長に「おでん適当に見繕って」とオーダーしたときに事件は起きた。新人は「私は、ごはんもお願いします」とオーダーしたそうだ。「おい、ごはんかよ」と言いたかったそうだが、初日でもあり、社長はぐっとこらえた。その後会話も弾むこともなく、互いにかなり苦痛な時間を過ごしたとのことだった。

驚いたことに（この表現はおのずと、オジサン世代を表徴している）、新人はおでんとごはんを食べ終わると、店長に「デザートは何がありますか」と聞いたそうだ。社長は「他所で聞いていた『あるある』の話が、いま私の目の前でも起きた。悲しいよ」と私に後日、つぶやいた。

年配者が「若者は情けない、日本の将来が心配だ」と口にし始めたのはいつからだろうか。しかし現実は、年配者の思いとは真逆である。内閣府「国民生活に関する世論調査」で現在の生活および生活各面に対する満足で、どの項目でも年代別に見ると、20代の若者の満足度が一番高いのだという。

会社で上司が「わが社はこんな状況でよいはずがない、もっと頑張れ！」と若者に檄を飛ばしても、若者は内心「いまの何がいけないの？　満足しているんですけど」と思っているのだ。

若者の満足度が高い理由は二つだ。ひとつは「デフレ」である。親のすねをかじるかどうかは別として、住むところとある程度の収入があれば、１９９０年当時と比べれば、よいものが格段に安く手に入る。

２０００年代に、非常勤講師をしていた大学の学生に質問されたことがある。広末涼子が主演した「バブルへＧＯ!!」という映画を観たという。「彼女とデートで〇万円」「肩のとがったスーツに〇万円」など、劇中のバブル時代は、無駄遣いのオンパレードだ。教え子に「先生は80年代後半、日本経済のパフォーマンスがよかったとおっしゃっていますが、それはバブルの時期ですか？」「高くてあんな肩のとがったかっこ悪いスーツ、よく着てましたねえ。単に無駄遣いだとしか思えません！」と言われた。

たしかに当時のＶＴＲを見ると、バブル期にやっていたことは、いま見ると「かっこ悪い」と感じても仕方のないもの（こと）が少なくない。バブルと比べていまは、物・サービスの値段は格段に安くなった。海外旅行だって数十万円したものが、韓国旅行だってＬＣＣを使えば数千円で済む。まさにデフレの恩恵である。

もうひとつ若者の満足度が高い理由は、現在と将来のウエートの置き方だ。年配者は「若い時に頑張れば将来よいことがある、だから若い時には頑張るのだ」と考えていた。だが、今の若者は「将来はわからない、だからいまが大事」という考えで、対極なのだ。

これも教え子に言われたことである。会社に入って先輩と飲みに行けば、20分後には上司の悪口、「俺たちは退職金も上司ほどもらえず、年金だって削られる。おかしいだろ！」

の愚痴ばかりだという。そんな話ばかりだと「酒は楽しい飲み物ではなく苦痛そのもの、酒なんか飲みませんよ」「上司・先輩から聞く話は右肩下がりの話しばかり、入社したての自分たちの将来を悲観する以外にはなく、将来のことなんか考えないでいまを楽しくすることに力を入れますよ」と教えてもらった。

長く大学で学生を教えていて感じるが、若者は賢い。学生は一生懸命勉強している。またネット環境もあり、知識も豊富だ。勉強すればするほど公的年金制度は自分たちに有利とは思えないと感じる。それでも加入している若者の中には、採用や評価で社会的に不利にならないようにと消極的選択で加入している人もいる。そこまで深く考えている。

年配の方が「最近の若者は覇気がなく、やる気あるのか」と言うが、実際は、社会が若者の考え方を変えてしまったのだ。結局、若者をめぐる社会現象は、われわれシニアの世代が築いたものだったのである。

デジタル化の進展は「デジタルネイティブ」という世代を創り出した。さらにデフレや将来の不安、社会保障制度の世代間格差は大きなひずみをつくり、それに適応したのがいまの若者である。若者は決して情けない存在ではない。ただしその適応はまだ完全ではない。

このコロナ禍で、世界では多くの若者がチャレンジ精神を湧き立たせ、起業する者が増えている。アメリカでの起業数は過去最高を記録している。若者にそのアニマルスピリットが醸成されなければいけない。

若者には若者の時代の生き方がある。年配者は自分の時代を美化するあまり、いまの人たちの生き方を否定する。そういう否定的な生き方を投げつけるのではなく、年配者の時代の中でもアニマルスピリットはたしかにあった。輝いていたのはこんなことがあったからなのだよと、付加価値としての過去の事例を教えることで、いまの価値観と過去の情報が初めて重なる。

日本にも、今後、その時代に合った進化論を誕生させていくべきではないだろうか。これまで時代の変化に適応してきた若者の価値観に年配者の過去の情報を合わせることで、日本版の進化論が初めて完成する。

「一億総『推しあり』」政策

最近まで「推し」の意味を知らなかった。家族に質問すると、「寝ても覚めても『推し』だから『推し』なんじゃないの？」と説明された。むちゃくちゃな説明だが「すごく好きだ」ということはよくわかる表現だ。

わが家の推しは、韓国の俳優やアーティストのようだ。私は、数年前、韓国で反日運動が活発化したときに、日本製品が箱の中に投げ入れられ燃やされている映像を企業の方々と見て、強い憤りを覚えた。最近の韓国の態度も、国家間で結んだ取り決めに対していまさらごちゃごちゃ蒸し返してばかりで、納得がいかないことが多いと感じている。しかし、このコロナ禍の長期自粛の中で、家族が韓国のドラマ・映画を観て音楽を聴くことで癒され、家族の緊張緩和に多大な貢献をしてもらっていることには感謝するようになった。

コロナ禍で人との付き合いが減る中で、同じ推し同士がSNSなどでつながりあい、同じテーマを共有することで心が穏やかになり、いつもやすらぎを保てている。私のように夜の会合がめっきり減り、ネットワークが滞っているのとは逆に、社会が大変だからこそつながりがより深まる世界だと気がついた。聞くとBTSだけで50万を超える日本人がファンクラブに加入している。すごい数だ。朝日新聞GLOBEが「韓流の沼へようこそ」という特集をしていたが、「沼」にはまってしまった人があちらこちらにいる。「推し」は、幅広い世代で対象となる分野も驚くほど多岐にわたっているようだ。個人の興味が限りなく細分化し、拡散する時代の象徴のようでもある。宇佐見りん『推し、燃ゆ』のタイトルの「推し」はそういう意味だったのかぁと、推しの意味を知ってこの本に興味を持ち、面白く読んだ。

「萌え」「推し」「オタク」など、いろいろなワードが使われる。特定コンテンツが特定消費者の心を強くとらえ、提供者と需要者の距離が近い構造が存在する。おそらくマーケティングにかかわる人は、どうやったら自社製品を消費者に届けるか、訴求させるか、その距離感を常に縮める努力をしている。このような市場はまさに理想に近いはずだ。熱狂できるということはすごく幸せにちがいない。熱量が相当高い。

私の頭の中の「消費」は、マクロの実質所得があり、それに消費性向をかける。消費が落ちるとすれば、景気が悪くなり賃金やボーナスが減って所得が減少するか、または消費税率が上がり実質所得が減るとき、さらに将来不安が高まり消費性向が低下するときである、といった、数式で自動的に算出される、無機質で冷たい「消費」である。

私は故・渡瀬恒彦の大ファンだ。再放送の2時間サスペンスを観まくっている。十津川警部、タクシードライバーの推理日誌の元刑事の運転手・夜明日出夫の渡瀬恒彦がたまらなく好きだ。西村京太郎サスペンス本はいつも渡瀬恒彦をイメージしてほとんど買っている。家族に言わせれば、2時間の放送の間にあれだけ人が殺されるわけがない、番組の最後になると崖の上で、真犯人、被害者家族、刑事がみんな集まって一連の殺人事件の振返りをするが、そんなわけはないと、番組の「現実離れしている観」をあげつらい、文句だらけだ。

しかし、「推し」という言葉を知ってから、私の「推し」は渡瀬恒彦であると思い始めた。誰がなんと言おうと番組を見ている間は「ほかのことが考えられないほど没頭しているんだから『推し』だ」と最近家族に反論している。おそらく私が使っている「推し」の意味はちょっとピンぼけなんだと思うが、熱量のある消費は私にもある。私の思うマクロの無機質な消費とは異なる、ミクロの消費が私にもあるんだから、同じ感覚の消費が日本にたくさん存在しているにちがいない。

日本経済の5割は消費であり、消費が経済を牽引する。しかし、マクロの消費はずっとさえない。その一方でミクロでは、たくさんの熱量バリバリの消費があり、その両者には開きがある。きっとこの乖離は一部の推しがいない大金持ちが、消費せずに巨額の貯蓄をしているからにちがいない。そういう人がいないとマクロ消費の不振とミクロの推し消費の活況の差は説明できない。私にもあったのだから、貯蓄をしている人にも推しができるはずである。そう考えれば、「一億総『推しあり』」計画を実現すれば、消費を伸ばし、経済を広げるチャンスは日本にもあるのだと思うのだが。

「便利」の虜

かならず講演でお客様に聞く質問がある。「アマゾンで買い物をしたことない人いますか？」――ここ1、2年、まったく手が挙がらない。数年前まではご年配の方を中心に手が挙がっていたが、ここにきてびっくりするほどいなくなった。私が「日本のマイナンバーカードが普及しない理由の上位に、情報漏洩が心配だからというのがある。日本政府は信じられないのに、アマゾンというアメリカ企業は信じられるのですか？　かなりの個人情報がアマゾンにわたっていますよ」というと、皆様ニヤニヤされる。便利なものはどんどん使われ、便利ではないものは使われない。デジタルの世界では、あたりまえのことがあたりまえに起こっている。

ときは遡り2000年代のこと、講演前に、主催者から講演参加者に「携帯の電源はオフかマナーモードにお願いします」とアナウンスが必ず入る。それでも必ずといってよいほど、講演中に携帯が鳴り「もしもし」と通話が始まる。小声と思いきや結構な大声で電話の向こうの方と用件を最後まで話され、携帯を切り私を一瞥して、申し訳なさそうに頭を下げられる。私も大丈夫ですよというサインは送るが、頭の中は真っ白になる。それまで話した内容がすっかり飛んでしまい、何度も往生した。

２０１０年にスマホのアイフォンが販売開始された。知り合いのご高齢の方は、「画面をタッチする操作はやりにくいから使わない。ガラ携《ケー》のカチャッと開くのがいいんだよ」と言っていた。しかし、しばらくたってお会いすると、お持ちのモバイルフォンはガラケーからスマホになり、講演中にそれをいじくっているではないか。講演が終わると、今日の店を予約しておいたから行きましょうと言ってくる。どうやら私の講演中に一生懸命操作していたのは、店の予約だったのだ。

店での会合が始まり和気藹々になったときに私は「〇〇さん、この前までガラケーがいいと言ってましたよね？」と切り出すと「いやぁ、意外とスマホは便利だよ」という。そしてご自身のゴルフスイングの録画映像を楽しそうに見せてくる。

ここ10年、米中に遅れてはいるが、日本でもデジタル化の流れが一気に押し寄せたように思う。ハード・ソフトがそろったこともあるが、皆の心の中に、デジタルは便利で、知らないと損をするという気持ちが根づいたことが大きいように思う。

こうなってくると便利なものは皆が使い、そうなるとさらにデータが集まり、便利な機能やサービス追加が可能となり、それがさらに顧客を広げ、やみつきにさせるという、がんじがらめの循環が始まる。ほんの数年前まではプラットフォーマーはユーザーである消費者の大まかな属性の把握程度だったが、いまやそれは、個人が特定され、家族関係さえも把握している。地元の親にモノを送付すれば、他県の親戚関係も把握できる。膨大なデータから顧客ごとの特性、ニーズ把握ができていて、かゆいところに手が届くことが可能となってきている。

やや薄気味悪いことも起きる。これから出前を取ろうとしたら、なんと、タイミングよく「○○グルメランキング」といった、食べたくなるようなリコメンドメールが届いたり、お店を検索していると、画面の広告サイトになんともおいしそうなウエブ・コマーシャルが流れ、いつしかそれを予約してしまうといったことは、今では日常茶飯となっている。

いままで私は、サブスクリプション（サブスク）はまったくやってこなかったが、昨年、家族がアップルミュージックを契約するので、私も初めて入った。月数千円で家族3人、音楽をダウンロードし放題である。ダウンロードし放題で、しかも3人で、なぜアップルは儲かるのだろうかと思うが、GAFA企業は過去最高益を更新中だ。デジタル企業は消費者一人ひとりのかゆいところに手が届き始めている。いつどこがどんな具合にかゆいのかも把握できることで、ビジネスの芽が無限に広がり始めている。

個人情報が把握されるだけでなく、個人の嗜好も押さえられ、しかもその行動すらコントロールされるという世界が実現しているし、すでにあなたも私も、みな便利の虜になっている。

他人からはびっくりされるのだが、私はアマゾンで買い物をしたことがない。家族はアマゾンで買い物をしている。私は、自分のものは自分でお店に行って買う主義である。おそらく私は、皆さんに比べてかなり「不便」なのかもしれない。でも、不思議なもので、（アマゾン的）便利を味わったことがないので、少しも不便さを感じない。何のために、アマゾンで買い物をしないことをねばっているかも自分でわからなくなってきているが、アマゾンを使っていないということを、エコノミストとして講演のネタとして使うため、もう少し「便利」のトレンドに乗るのは我慢しようと思っている。

「変」はお宝！

中学生の頃、私は写生大会で蓮を描いたときに、なぜか蓮＝赤というイメージが湧いて、蓮を赤色で描いた。先生に「蓮の花が赤色というのは変だよ。白や黄色やピンクが普通でしょ？　描き直しなさい」と言われ、一人残って描き直した。私には、赤い蓮がなぜ「変」なのか、理解できなかった。これが私のトラウマとなり、これ以来、絵が大嫌いになった。

しかし今日、この「変」という言葉を、私は無意識に娘に使っていることに気づき、はっとなった。娘が外出するときに「その服装は変だからやめなさい」と言った。そのとき私は、娘が着ている服の色に、履こうとしている赤い靴は合わないと判断をしたのだ。関西の知人に、「関東人はなんで靴、全部黒？　赤とかおしゃれせぇへんの？」と言われたことが頭の中で甦る。おそらく娘のセンスは「変」ではなく、あくまで私の中の判断もしくは固定観念に、娘のセンスを抑え込もうとしているだけなのだ。

家族も友達も知っての通り、私は服のセンスがない。高校・大学と私服だった。高校は同じ服をずっと着ていても、周りもそうなのであまり気にならなかった。大学は体育会だったので、多くの時間をジャージで過ごしていた。どこに行くにもジャージで困ったことはほとんどなかった。

社会人になり、スーツがありがたかった。スーツはセンスのなさや社交性のなさを相当程度カバーしてくれる。20―30歳代は、ホワイトシャツに目立たないネクタイをしていた。この格好なら、おしゃれと褒められることは絶対にないだろうが、センスがないとツッコミを入れられることもないだろう。

40代、テレビなどマスコミに出るようになり、おしゃれを意識しないわけにはいかなくなった。ただ、幸いにして結婚して家族がスーツ・ワイシャツ・ネクタイを選んでくれるので、センスなしオヤジであることを、これまでなんとか隠すことができている。家族のアドバイスに、本当に感謝している。そんなセンスのない私が娘に「それは変」とは、よく言ったものだと今は思う。

近ごろ娘に、あらためて私にはセンスがまったくないと言われる。「自分の父親には（おしゃれの）センスがない」というセンスが娘に無事に養われたことに安堵している。

昔むかし、富国強兵が叫ばれた時代には、それを実現するための前提として殖産興業が必要で、工場で同じようにラインとして働く労働者を義務教育的な流れでつくり出すことは、国家としても家庭としても個人としても同じ方向の政策であり、利点が多かった。現在の義務教育は少しバージョンアップされてはいるが、基本は平均重視である。

実際、義務教育が終わり、今日、高校には90％以上が進学しているが、そこでもまだまだ過去と同工異曲の「同調の教育」が展開され続けている。義務教育は日本の平均的な学力や同調性をつくるには最適だと思う。この流れは会社でも繰り返される。正規雇用の代名詞「サラリーマン」は数年での異動を繰り返し、専門性ではなくジェネラリストとしての道をひたすら走る。ある程度のキャリアを積むと、どの組織に配属されても管理職として組織をうまくマネジメントできるようになる。誰がどこに配属されても、会社として一定以上のパフォーマンスを発揮・維持できるようにサラリーマンは訓練される。

日本経済が成功のレールに乗り続けていた1970―80年代なら、この社会構造は成功する。時間通りの運行で常にレールに乗っていれば、世界経済、日本経済は拡大し続ける。企業にとっては安定した経営を続け、業界のシェアを一定程度キープすれば業績は毎年上がる。

しかし今日では、右肩上がりのパイの拡大は終わり、デジタル化の進展で非連続的な動きが経済社会のあらゆる分野で起こっている。いままで使用していたレールはこの先、なくなるだろう。これからは、安定運行ではなく、「デロリアン」のような、新しい乗り物を創出しないといけない。そのためには多彩な人材から多彩な仕事が生まれる必要がある。

日本の多くの世代は、教育や会社生活でマシンや歯車になることがよいこととされてきたが、これからはマシンの役割はＡＩにまかせればよい。「変」はお宝である。そのためには異質な人やモノや考え方の居場所が必要であり、学校、企業も家庭も「変だからやめなさい」と言ってしまうと個性はどんどん消える。私たちの世代は、「変だからやめなさい」と言われ続け、面白みがない別の「変」になってしまった。面白みが消えた世代ができることは、子供（次世代）が生まれながらに持っている「変」を認めてあげること以外ない。親や社会からの強制をできるだけ少なくすることに尽きる。

故・宇沢弘文先生は『経済学は人びとを幸福にできるか』で「子供に数学を教えるのは、魚に泳ぎ方を教えるのと同じである。魚はもともと泳ぎ方がうまい。教える必要はない。ただきれいな水とゆたかな緑の環境を用意すればいい」と書いている。

子育てをする前にこの本に出会い、その意味を理解したかった。

バブルをつぶす人

株式投資が好きな人から「まだA社の株は上がると思う?」と聞かれる。Bさんはその株お持ちなんですね? とお聞きすると、「そうなんだよ。そろそろバブルが終わるかもしれないけど、まだ上がっているから上昇相場についていかないと。このドキドキ感がたまらないよなぁ」と言う。私はBさんから過去、高値で売れずに急落し、損をした話を何度も聞いている。「欲を出さないでくださいね」といつも助言する。

「山高ければ谷深し」は、上げ幅が大きいときほど、下げ幅もきついという相場の格言である。私は高所恐怖症で、ジェットコースターは怖くて乗れない。特に、最初に昇っていくハラハラ感が大嫌いだ。最初から最後まで目を開けられない。なんでお金を払ってまでこんな恐怖体験をしなければならないのか、一生理解できないと思う。株式投資が好きでジェットコースターが好きな人があの急降下前のゆっくり昇っていくところのドキドキがたまらなく似てるんだよなぁとたとえる人がいるが、まったく納得いかない。

金融市場は過去に何度もバブルを経験している。日本の1980年代後半のバブルは、NTT株の放出がバブル崩壊のきっかけとなった。ITバブルも、リーマン・ショックも、すべてバブルは後から振り返ると、これがきっかけだったという事件が存在している。

あとから見れば、それがバブルであり、引き金はこれだったと言えるが、その時にはわからない。2005年6月、米FRB議長だったグリーンスパン議長は、高騰する住宅価格に対し、「全国的なバブルは見られないが、地域によってフロスの兆候がある」と有名な議会証言をした。この発言を契機に当局は利上げを行い、それがその後のリーマン・ショックにつながる。天下のFRBといえども、それがバブルだったことを見抜けなかったわけである。だからこそ市場参加者はさらなる価格上昇を夢見て買いを進める。このバブル行動に人々は興じ、結局そのあとのツケを払わされるというのが世の常である。


バブル崩壊となれば、株式投資をしていようがいまいが、経済は悪化し、皆にそのマイナスの影響が及ぶ。だから普通は積極的にバブルを崩壊させようとする人はいない。

だが、そのバブルを破裂させようとする動きを取る可能性があるのが中国だ。

米中の覇権争いは、長期間続くとの見方が一般的であるが、経済分野を見ると、少しちがった見解も、少数だが存在する。中国が短期間のうちに、なにか大きな動きを起こすのではとの見方だ。

国連の人口予測では、中国の65歳以上の高齢化率は、2035年にほぼ21%となり、「超高齢社会」に突入し、その後の成長率は鈍化が避けられない。そこで二つの戦略があり得る。一つは、中国は成長率が鈍化するまでの10年程度の期間、高い成長を維持させ、それを背景にいままで以上の軍拡路線をとる戦略だ。もう一つは、短期間で世界のバブル崩壊を主導し、成長縮小路線の中でアメリカに肉薄する戦略だ。

後者は中国にもダメージは及ぶが、バブル崩壊でより壊滅的なダメージを受けるのがアメリカだとの見立てが裏にはある。アメリカは資本市場に完全に乗る一方、中国は国家資本主義で資本市場に少しだけ乗っているにすぎず、さらに、トランプ前大統領との貿易戦争やコロナ禍で、経済の内生化を進めてきたことで、中国はバブル崩壊への耐性があり、アメリカよりもバブル崩壊の影響を小さくできるとの分析だ。バブルが破裂し、ドルの信認が低下すれば、中国が進めるデジタル人民元の国際標準化も夢ではなくなる。また、ワクチン外交で一定の成果が出る中、苦境に陥る国々を積極的に経済支援すれば、一帯一路も大きく前進する。

中国は、バブルという風船のどこを狙うだろうか。ポイントは、世界の金融市場の北極星「アメリカの長期金利」だろう。2020年12月末時点で、中国は日本に次ぐ2番目の米国債保有国であり、発行済み米国債の約5%を保有している。

ポストコロナでは、当然金融市場に、金利上昇圧力がかかってくる。そこで中国が一気に米国債を売却すれば、金利上昇の歯車は加速する。われわれは過去、中国経済が躍進する中で、米中の金融市場のかかわりが深くなったことを、よいことだと思ってきた。しかし、この戦略がもし存在するのだとすれば、中国が米国債残高を積み上げてきたのは、バブルという風船に針を刺すための周到な準備だったといえる。

資本主義の国にとっては、バブル破裂は怖い。できるだけ壊れないようにしたいというのが総意である。しかし、資本市場には異なった価値観を持つ巨人も存在していることを忘れてはならない。

ジョーカーゲーム

講演会などで聴講者から「私は日本の財政は破綻すると思っている」というご意見をいただくと、「では○○さんの資産は、全部ドルや金など海外の資産になっていて、まさか日本の銀行預金はお持ちじゃないんですよね？」と逆に質問をする。たいていの方のお答えは「銀行預金がほとんどだ」と回答される。そして私は「日本が財政破綻したら大損になるので、それではリスクヘッジになっていませんね？」と答える。

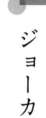

私は「日本の財政への心配は、『今日のお天気はどうですかねえ？』と同じように、日本人同士のルーティンな挨拶になっていて、特段深刻とは思っていない。本当に財政を心配している人はどれくらいいるのか？　日本人が本当に日本が好きで日本から離れないなら、財政破綻は大丈夫」と説明している。

日本は、全国民で壮大なジョーカーゲームをしている。最後にジョーカーを掴んだ人が財政赤字という巨額な罰金を払うという、恐ろしいゲームだ。

このゲームが普通のジョーカーゲームとちがうのが、①ゲーム中は何でも飲み食いタダ（財政支出）のサービスが受けられる。②誰でもゲームを抜けられるが、抜けるときには違約金を払い、抜けると同時に日本から資産を持って海外に移住しなくてはならない、③時間の経過とともに財政赤字が増えるにしたがって、ジョーカーの数が増える、というオリジナル・ルールの存在である。

このまま進むと、当面はみんな飲み食いがタダで楽しく過ごすが、しばらくするとお金持ちはゲームに飽き、違約金を払って（国外に逃避）ゲームを降り始める。気がついたら国内にはお金持ちはいなくなり、大多数のカードがジョーカーとなり、ゲームに残った人は全員、自分の財産では払えない巨額の罰金を背負ってしまう、ということになりかねない。

このジョーカーゲームを進めていくと、おそらく二段階でゲーム会場の雰囲気は変わってくるはずだ。まずはゲームが進み、場のジョーカーの数が増え、このままでは自分の資産をすべて没収されかねないと恐怖を感じる人が怒り出し、殺伐としてくる。日本に置き換えると、日本人らしさや日本の文化風習がガタガタっと崩れ始める。次の段階はいままでゲームをやめなかったお金持ちが違約金を払ってゲームから退く。これが起きるとゲーム破綻までは近く、ゲーム会場は地獄と化す。

でも、このゲームを説明すると、多くの経営者の方が、自分は逃げられるというような顔をされ、ニヤニヤされる。そんなとき、決まって私は「日本では高齢者が金融資産の6―7割を持っている。国外逃避しようとしても島国なので、海岸に逃げたら捕まえる、資産を持って海を渡ろうとしても、泳いでいるところを捕えます。決してこのゲームから逃がさない！」と言う。

世界のお金持ちは、コスモポリタンは別として、「自分は○○人」と言う人は自分の故郷を離れない。たとえば、メキシコは2006年に麻薬撲滅に動き出し、軍・警察対麻薬組織の激しい攻防の中、1日100件程度の殺人事件が勃発している。当然、金持ちも命を狙われるケースが後を絶たない。だが、それでもメキシコ人の大金持ちはメキシコを離れない。

以前なら、日本人は日本が好きだから、よほどのことがない限り国外移住はしないだろうと強く思っていたが、最近は状況が少しちがってきた。昨今では国外で資産運用されている投資家の方が、どこに投資されているかを話さなくなってきている。銀行預金から海外に資金シフトが着実に起こっている。キャピタルフライトは確実に動いている。また、シンガポールに移住したオリエンタルラジオの中田敦彦さんのような有名人だけでなく、私の知り合いでも海外移住を決意する人が出始めている。

子供や孫の教育について20年前の経営者との会話と最近の話はだいぶ変わってきている。

昔は経営者の多くが「英語は必須」と小さい頃から子供や孫を英語教室に通わせていた。しかし最近、ご年配の経営者に「お孫さん最近どうしてますか」とお聞きすると、海外の大学を出て外国で働いているという話が確実に増えた。数年前までアメリカで働いているお孫さんばっかりだったが、最近では中国で働くという話も耳にして、驚愕至極である。さらに、自分の仕事を将来的に孫に継がせようとは思っていない人が増えている。徐々に日本人が日本を捨てる状況も見え隠れしてきている。

日本はよい国だと思う。自分が生きている間は財政破綻など起きないと思っている。だから自分自身がフライトを起こすことはこれっぽっちも考えていないが、では自分の子供は？　孫は？　と聞かれると、正直わからない。

私は子供にどうして私たちが負担を背負わなければならないの、と聞かれ、答えられないでいる。子供、孫世代でも日本人が日本を本当に捨てることにならないようにするためには、何が必要か。ジョーカーゲームのルールをどう変更したらよいのか、ゲームに興じているわれわれの世代がきちんと考え動くべき問題であろう。

お金の色

麻生太郎財務大臣は昔から、労働に対する世界観を何度か口にしている。

「なぜ日本人はそんなに働くのか。古事記などによれば、天照大神《あまてらすおおみかみ》が機織り小屋から出《い》でたまい、神々がいかにしておわすぞと天の岩戸を開けたまい、高天原を眺むれば、神々は野に出て働いていた、とある。天照大神は機織りをして働いていた。神々も働いていた。神が働くのだから、日本では労働は『善』」。

一方、旧約聖書では神との契約を破ったアダムに対して神が与えた罰が労働だったことから、欧米など多くの国とは「労働の価値観が『罰』と『善』で、決定的に異なる」と発言している（2020年、『文藝春秋』新年特別号）。

日本人は善である労働で得た現金を財布に入れて大事にしまっておく。借金や投資などに善である現金を使うなど、滅相もない。労働で稼いだお金の中で消費する。日本人はお金に縛られ、お金の奴隷とも言えるようなふるまいをする。

大学を卒業して働き始めた時、この価値観は私にはしっくりきていた。小さい時から親や学校の先生に「真面目に働いてお金を稼ぎなさい、株などの投資で稼いだお金はよくない」と、ことあるごとに言われ、この価値観が植えつけられていた。

大学時代は財布の中には郵便局のカード1枚しかなかった。社会人になり都市銀行の口座を1つ開設し、証券会社の窓口に行き株式投資を始めたのは40歳近くだったと記憶している。もっと前からコツコツ投資をしていたら、現在、いまとはちがった資産形成になっていたはずだ。積立NISAやiDeCoといった制度も創設され、最近ネット証券を中心に若い人に投資を始める人が増えているのは、長期投資が有利ということを考えると、よい傾向だと思う。


日本人は長寿である。長く働けることは大事だが、若い時から老後資金を労働以外で形成することが大事になる。ゼロ金利の環境が長く続く昨今、預金ばかりではほとんど利息がつかず、所得の多寡でますます格差が広がるばかりになるので、どうしても資本市場と付き合う必要が出てくる。お金をきちんと投資に回すことができれば、お金にも働いてもらえる。労働と投資のワーク・ライフ・バランスができ、老後資金の蓄えも変わってくる。

翻ってアメリカでは、小さい時から投資教育がなされる。ルイズ・アームストロング『レモンをお金にかえる法』はアメリカの小学校で経済活動や投資などについて学ぶ教科書である。レモンをお金に換えるということは、経済活動の根本を小さな子供に理解させ、その中でお金が持っているレゾンデートルをきちんと教え込み、賢くお金と付き合う方法を叩き込まれる。

日本もやっと2022年から高校で投資の授業が始まる。今まで家庭科に関する授業は、大事なお金を「大事に使う、無駄遣いしない」「大事だから、だまされない」といった内容だった。しかしこれからは将来に備えた資産形成の重要性を説くのだそうだ。教えるのは先生だが、感覚や実践経験がない人が教えても、おそらくうまく子供には伝わらないだろう。ここは実業家や金融機関のプロが教育に参画し、どの程度貢献できるかが重要になってくると思う。

投資先進国・アメリカであっても、投資に関する事件は頻発している。直近ではコロナ禍で給付されたお金を、若者を中心にゲームストップ株に投機し、株価の乱高下をつくり出し、社会問題となった。そうであってもアメリカでは投資を否定することはしない。どうやってこの問題を解決し、健全な投資をさらに増やせるか議論を開始する。必要であれば即座に制度や規制の変更を行ってくる。

翻って、日本では一つの失敗例が出ると、「ほら、やっぱり投資はダメだ」と逆向きの意見が必ず強く噴き出す。投資教育を広げる最大の壁は、いま現金を貯めることがよいと思っている親世代である。親世代の労働や投資の善悪について少し考えを修正しなければいけない時期にきている。

——と、エコノミストとしての意見は上記だが、私は、娘がこの先、定職に就かないでユーチューバーになると言われたら、「それは新しいビジネス、いいねえ！」とは言えないだろう。ましてや、ビットコインのデイトレーダーになると言われたら、猛然と反対すると思う。エコノミストの意見と親としての考えはまだ乖離している。親としてはいまだ、お金に色があると思ってしまっているのだ。

わかっちゃいるけどやめられない

わが家ではコンビニでレジ袋購入はご法度である。でも私は、家族には内緒でいつもレジ袋を2円支払って購入している。

「あるある」の話が私にも先日起こってしまった。コンビニでお弁当を買い、店員さんに「温め」をお願いした。店員さんが電子レンジにお弁当を入れスタートボタンを押し、振り返って私に「レジ袋要りますか?」と聞いた。たまたまその時、取材の電話がかかり、対話に意識が向いていたのか、「いりません」と言ってしまった。そして、ホカホカの弁当をむき出しのまま受け取ることとなった。

案の定、取材の電話をしつつ片手に温められたお弁当を持ちながら会社に戻る途中で、お弁当は落下した。「あ!」と少し大きめの声を上げて、私の時間は止まった。数秒間、道に落ちたお弁当を見つめていたと思う。電話の先方の「もしもし、どうしました」という声に、はっと我に返った。

幸い中身がはみ出ることはなかったが、プラ容器の中のお弁当はぐちゃぐちゃだ。周りの人に声をあげて笑ってもらえれば救いにもなるが、あの、見てはいけないものを見てしまった、と、なんともばつが悪い、それでいてプチ「決定的瞬間」を目撃してしまったという複雑な視線が、とにかくつらかった。レジ袋2円を購入することをしなかったばかりに500円のお弁当を無駄にし、ちょっとした食品ロスを生み出した。

私は、大学で材料工学を専攻した。生活を豊かにしてくれているという点では、プラスチックがナンバーワンの発明じゃないかと思っている。プラスチックは発明されてまだ100年程度しかたっていない。加工がしやすく、気密性も高い。しかも安くて使い捨てできる便利さもあって、利用は急拡大し、いまやわれわれの生活になくてはならないものとなっている。服にもプラスチックが大量に使われている。プラスチックだらけである。とりわけ日本はその便利さを享受しており、人口一人当たりのプラ容器包装の廃棄量は、アメリカに次いで多い。日本はプラスチックの恩恵を享受しまくっている国である。

ここ数年で環境が世界の政治、経済の中心テーマとなった。世界の人口は、2100年までには100億人を突破すると予想されている。畜産物を生産するには、飼料となる穀物が必要だ。肉1kg生産するのに牛なら11kg、豚なら7kg、鶏なら4kgの穀物が必要だといわれている。世界で肉食化や牛肉嗜好が強まれば必要とされる穀物は倍増する。人間の欲望のままに突き進めば、自然は崩壊し、排出する二酸化炭素で温暖化が進み、地球は崩壊する。

米中覇権であれだけ対立している二国であっても、アメリカのバイデン大統領が「気候サミット」を開催となったら、中国の習国家主席も参加している。いまや、環境問題に取り組まない国や企業は悪とのレッテルを貼られるほどの勢いを持つ。誰もがこれ以上の環境悪化を何とかしなければいけないと思っている。

ただ、誰がどのように環境改善の負担を負うのかということになると話は別だ。日本は環境には相当配慮している国である。だが、レジ袋やプラスチック製のスプーンやフォークを有料化した程度では、地球規模の廃プラ問題にはまったく寄与しない。現実問題として明日からコンビニのお弁当にプラスチックがダメとなったら、私は木でできたマイ・ランチボックスを持って、どこかにお弁当の中身を買いにいくことになる。そんなの現実にはできない。

生分解性プラスチックや、植物等の再生可能な有機資源を原料にするバイオマスプラスチックの開発や普及が期待されているが、コストの問題から本格的な普及にはまだまだ時間がかかる。当面は政策的にレジ袋のようにコストをかけることで使用量を抑えたり、企業サイドに総使用量の制限、業界に廃プラの自主回収の要請などが実施されることになる。

それでもそれほど使用量が減るわけではない。将来期待される革新的イノベーションが実現するまで便利なプラの使用をやめて不便さを覚悟しなければならない時期が必ず来る。

この期間にコストという意識や不便という意識を、足りないくらいがちょうどいい、楽しい、かっこいいとか美徳とか、価値観を転換させ、社会的にその方向に動かす必要がある。

にしのあきひろ作の絵本『えんとつ町のプペル』は、環境問題を強く意識させる作品だと思う。この環境問題の主役は次の時代を担う子供たちだ。「環境を守る」という気持ちが子供の中に浸透すれば、親世代が何かしようとしたときに、「それは環境破壊になるからダメだよ」と注意され、親世代のエゴは止まりそうに思う。

マクロの政策としては、上記のような戦略はかなり有効だと、エコノミストとしての自分はいままで語ってきているが、ミクロの私は、個人的に無駄は減らそうと思いつつ、コンビニのレジ袋はまだ続けてしまうのだろうなぁ。

「なぜ？」の中の本質

おやじが口を開き「なぜ（why）」を口にすると、大概は文句で高圧的になる。たとえば会社で「なぜ、できないのか？」と言えば、上司が部下を叱責するお決まりの言葉だ。でも子供が発する「なぜ」はちがう。単純な疑問にワクワクする。

娘に「なんで中国と仲良くできないの？」と聞かれ、私は「価値観がちがうんだ」と答えた。娘からは「価値観ってなあに？」と聞かれ、私は「普遍的価値（自由、民主主義、基本的人権、法の支配、市場経済）」と答えると、娘からは「アメリカも人権問題すごいのいっぱいあるよね、程度問題？」と聞かれ、ついに「だねぇ……」と行き詰まる。

娘に「なんでアメリカ大統領は偉いの？」と聞かれ、「みんなが選挙で選ぶからだよ」と答えると、娘からは「選挙で選ばれない偉い人はたくさんいるよね？」と聞かれ。私は「……」と行き詰まる。

「パパとママはどうして結婚したの？」と娘に聞かれ、私は「……」とすぐ行き詰まる。トヨタの生産方式「かんばん方式」は「なぜなぜ方式（分析）」としても有名だが、大概のことは「なぜ」と5回向き合えば、問題の本質が見えてくるという。私自身、表面的な知識はつけたが、なぜなぜ攻撃に遭うと、すぐ降参となってしまっていた。エコノミストとしての自分、父親としての自分として本質的な答えができないことに気がつく。

わが家は一人娘である。その娘から実家の墓参りをした帰りに「墓は私が（将来面倒みるの？」と疑問を投げかけられた。その時は「大丈夫、大丈夫」と「YES」でも「NO」でもない返事でごまかしたが、私や妻が亡くなった後に、娘から縁遠い親戚はいるとしても、その代々の墓をどうしたらよいのかは難しい。最低でも私の代で私と妻の実家の二つのお墓をどうするか決めておかなければいけないと感じた。

そんなことがあり、先年、私の実家の新潟で一人暮らしをする母親と「矢嶋家の墓」について初めて真剣に話し合った。新潟の実家は本家で、分家のおじさんもわが家のお墓に数年前に入った。その奥さんであるおばさんやお子さんは自分のお骨をどうしたいのか、今のうちに考えておく必要があると感じたからだ。母親もおばさんも80歳を超えてきている。

母に、孫（私の娘）が墓を心配しているという事実を正直に伝えた。母も真剣に親戚と考えてみると約束してくれた。親戚のおばさんには「やすひでは、いつかはお墓を永代供養しようとしている。おじちゃんのお骨を分骨するかどうか決めてほしい」と聞いたらしい。答えはどうだったか、まだ聞いていない。ただ私が一番知りたいのは「母親が亡くなったらどこのお墓に入りたいのか」だ。「矢嶋家のお墓なのか、それとも母親の実家のお墓なのか」だ。娘の疑問を私が母親にぶつけたことで、いままで家族の中で距離があった問題が大きく前進したことは間違いない。子供の疑問は本質的なものを抉り出す。

そういえば私は「なぜ、なんで」と自問自答することが少なくなった。娘がなぜと疑問を発したワードをとにかくスマホのメモ機能に打ち込んだ。子供がくれた疑問を、トイレで1日10分、「なぜ、なぜ」を繰り返すと、結構これが楽しい。この奇妙な行動から子供の「なぜ、なぜ」は大人にとっても夢の問いなんだと気づかされた。

考え想像する時間は、子供だけでなくこのオヤジの淀んだ心も豊かにしてくれる。それがワクワクを出してくれる場合も多いが、心が苦しい問題もあぶり出す。

「褒める」という魔法

「この服いくらだと思う?」と妻に聞かれ、私は真剣に予想し「7000円」と答えた。妻からは、「当ててどうするの! 高めに1万円って言ってよ、7000円に見えない。そんなに安く買えるなんて買い物上手だねえって褒めてよ」と言われた。また今回も褒めるチャンスを逸してしまったと反省する。

落語「子ほめ」は、ある男がただ酒を飲む方法を教わり、それを実践する話だ。相手に年齢を尋ね、年配の者には若く見える、年若の者にはしっかりして見える、とおだてて酒や肴を奢ってもらい、赤ん坊の場合は、顔をよく見て人相を褒め、親を喜ばせてご馳走になるというもの。ほめる気持ちもないのにそんなことをするのは、この話のオチのように、最後は失敗するが、私ももう少し褒めることが上手になりたい。

2015年11月に、佐賀県の武雄市で小学2年生対象のプログラミング教室を見学した。

今では小学校の習わせたいお稽古ランキングで上位になるプログラミングだが、その当時ではかなり先駆的だった。このプログラム授業は、民間会社のＤｅＮＡのサポートを受け、2年生は1年生の時もプログラミング授業を受けている。2年目の16年はプログラミングのレベルも相当なものだ。「ＩＦ構文」を当たり前のように使っていることに驚いた。教室の前では、先生方のデモンストレーションが始まる。先生４人が黒板の前に並ぶ。どうやら先生方はエレベーターに乗ろうとしているようだ。３人なら乗っても大丈夫だが、４人目が乗ると人数オーバーになったようだ。それを知らせるように先生は手で持っているブザーを鳴らす。

小学2年生はこのブザーを聞いて大笑いだ。それを見て授業見学者からも笑いが出る。小学2年生の反応はかわいらしい。しかし、先生の次の一言で教室の空気は一変する。

「今から紙を配ります。人数がオーバーになってから人数オーバーでなくなるまでの間、ブザーを鳴らし続けるのは四つのうち、どのプログラムですか？」と生徒にプリントを配布し始める。そしてタブレット端末には四つのプログラムが並び、選んだものを実行してみる。生徒の中から「当たった、外れた、どうして、あはは」などいろいろな反応が沸き起こる。この小学2年生は、四つのプログラムのちがいがわかっているのだ。これにはびっくりした。

私はこの授業を見学して、子供の可能性は無限大だなあと感じたが、まだ甘かった。子供たちの可能性をさらに伸ばすのは、きちんと褒められるかにかかっていることを学ぶことになった。

武雄市では、学校の授業が始まる前に花まる学習会の指導法による15分間の学習などに取り組んでいた。その毎朝の学習に高齢者を中心とした地域住民の方が、赤の色鉛筆を持って参加している。算数の問題用紙や国語の書写などに一人ひとり○《まる》つけをするのだ。参加する地域住民の方には、とにかく「合っているところは大きな○をつけて、とにかく褒めてあげてください」とお願いされているらしい。

わが家も花まる学習をやっていた。私は子供の○つけをし、「ここ間違ったのはもったいないなあ、後はできてるのに」と言う。でもおそらく武雄市の子供は大きな○に喜び、おじいちゃん、おばあちゃんは「よくできたねえ」と全力で○を褒めてくれる。そして、「ついでにこの問題ももう一回やって○にしちゃおうかあ？」とおじいちゃん、おばあちゃんは言う。おそらく子供はまた褒めてほしいから、間違ったところを直し、そうするとおじいちゃん、おばあちゃんはさらに大きな○をつけ、全力でほめてくれる。子供たち、おじいちゃん、おばあちゃんのみんながニコニコ元気だ。加点方式でやる気は何倍にもなる。

1996年アトランタオリンピック・陸上女子10000mで5位入賞の千葉真子さんとテレビでご一緒した時、恩師の小出監督の「せっかくだから」という言葉を紹介されていた。怪我をしてしまったときやうまくいかないとき、小出監督に「せっかくだからこういうことをやろう」とか、前向きな言葉をよくかけていただいたとのことだった。やっぱりすごい指導者はどんな状況でも選手を前向きなマインドに変えられる魔法を持っているんだと感じた。

翻って自分の言動は、人を後ろ向きにさせるものばかりだ。私もすぐ使ってしまうが、「あの企業は経営者がダメだから、失敗しちゃうだろうなあ、あのプロジェクトはいいのに」と言ってしまう。でもこれからは言い方にちょっと気をつけよう。「そのプロジェクトすごいですねえ。すごいなあ」と言えば、相手から「会社の中で経営者をうまく説得してみせますよ！」と前向きになれるはずだ。そこで「こんな課題もあるけど是非頑張ってください」と言えば、そこにまったくちがうインセンティブが働くはずだ。

日本、企業、教育、地域、家族、いたるところで今まで以上に「褒める」ことができれば物事は前向きに動き出す。負け癖がついた日本を変える「魔法」になる。

ＡＩからみると人間は「ノイズ」

数年前、自分の車をぶつけ、二重の意味で、とにかく凹《へこ》んだ。駐車場の精算機にクルマを寄せようとして、接近しすぎてこのまま左にハンドルをきったまま前進したら車の右後部がぶつかると思い、バックを試みた。ゆっくりバックしながら右にハンドルを切らなければいけないところを、思いっきり左に切ってしまい、車の右前を精算機に擦ってしまったのだ。

自宅に帰り、家族に事のいきさつを伝えると、単に「運転が下手なだけじゃん、自損事故じゃ修理代かかるし、最悪だわ」と言われ、反論の余地なく落ち込んだ。私は縦列駐車が怖い。できる気がしない。最近の車はＡＩが搭載されていて、ボタン一つで縦列駐車をしてくれるらしい。車の事故の９割は私のようなヒューマンエラーだという。ＡＩにとって事故を減らすことは、人間が犯すミスを減らすことにほかならない。

ＡＩの領域はどんどん人間のやってきた仕事を凌駕し始めている。わがエコノミスト・アナリスト業界でも、ＡＩが決算書などを読み込み、短時間で精度の高いレポートを作成する。エコノミストのレポートもネットなどの情報を収集、分析しレポートや説明映像、音声なども簡単にできる日も近いように思う。

数年前、ＡＩに置き換わりやすい職業ランキングが流行ったことがある。オクスフォード大学のマイケル・オズボーン准教授とカール・フレイ博士が２０１３年に発表した「雇用の未来」という論文が、世界的なセンセーションを巻き起こしたのだ。この論文で彼らはアメリカにおいて10~20年内に労働人口の47%が機械に代替可能であると試算をしている。日本については、株式会社野村総合研究所が、オズボーン准教授及びフレイ博士との共同研究により、日本の労働人口の約49%が就いている職業において、機械に代替可能との試算結果を得ている。日本の職業で機械に代替されやすいランキングは上位から電車運転士、経理事務員、検針員、一般事務員、包装作業員である。

よく経営者もその代替されやすいランキングに入っていて、経営者の方に経営会議で座っているだけで何も決めないなら、ＡＩのほうがきちんと仕事するし、判断も間違わない、と説明すると、だいたいの経営者はニヤニヤされ、「矢嶋さんは経営したことないから大変さがわからないんだ」と切り返された。たしかに経営をしたことがないのでその大変さはわからないが、そこまで言われれば私も言い返して、「お坊さんは経営者よりもランキングは下位で代替されにくいんですよ。経営者よりもよっぽど大事な職業だと思いますよ」とカウンターパンチをよく打っていたものだ。今ではそんな冗談も通じないくらいＡＩはわれわれの生活のいたるところに入ってきている。

インパクトのある技術は常にリスクとも隣り合わせだ。ノーベル賞を創設したアルフレッド・ノーベルはダイナマイトで巨万の富を得た。ダイナマイトは鉱山の発掘など経済発展に大きな役割を果たしている。その一方で、使い方によっては戦争などでの大量殺戮兵器にもなる。どんなにすばらしい発明が生まれ、新しい技術が誕生しても、それを「どう使うのか」を判断するのは、やはり人間でしかない。

このＡＩも人間の手に負えなくなる時代がすぐそこまで来ているのかもしれない。車いすの天才物理学者として知られるイギリスの故・スティーブン・ホーキング博士が、ＡＩについて「人類を滅ぼすことになるかもしれない」と警告したことはよく知られている。ＡＩを内蔵したロボットが料理で包丁を使い、家事を手伝ってくれることは便利だが、その包丁を人に向けることは絶対にあってはならない。誰かが人に向けろというプログラムを作ったら、ＡＩロボットはすぐ殺人機械になってしまう。

私の車の事故のように、哀しい一つの事実は、ＡＩにとって最大のノイズは人間である、ということだ。その「ノイズ」である人間が、どうＡＩに倫理を叩き込むのか、そこがこれから問われることになる。ただし、その人間社会ではいまだ戦争、紛争は終息せず、それぞれのサイドがそれぞれの正義をふりかざす時代が続いている。

アマゾンプライムで映画を見る時間が増えた。一つ映画が終わると、アマゾンプライムに内蔵されているＡＩが勧める別の映画を見る。続けて何本見ても飽きない。ＡＩは私の趣味嗜好を完全に把握し、私を意のままに操る。まさに私は、ＡＩというお釈迦様の手のひらで踊っている孫悟空のようだ。やんちゃな孫悟空はお釈迦様の手のひらの中で矯正され、倫理観を養う旅をする。ＡＩに倫理観をつけるのが人間だという主張を飛び越え、現実的にはすでにＡＩに人間が倫理観を醸成させられている領域が存在すらしている。

第3章 時代の振り子

一本道を歩きながら考えた「うかい(迂回)ね」

小学校4年の時に転校した。それまでは新潟・直江津の関川の河口付近に住んでいた。関川は水害を何度も引き起こしていたので、川幅を広げる改修工事のため、直江津から内陸に入った春日山に転校した。当時自宅から小学校まで約2キロで、この間はかなり自然豊かな通学路だった。記憶の中では半分は田んぼの中、用水路もたくさんあり、そのほとんどが砂利道だった。

いつも学校の行き帰りに二つの関門が私を待ち構えていた。

一つは養豚場だ。これが臭い。しかも養豚場の前の道は泥道で、雨の日には靴に臭い泥がつく。ここをどれだけうまく通過できるかが、その日の気分に直結した。

もう一つ、豚よりも厄介だったのが大きな黒い犬である。私が小学校低学年のとき、たまたま投げた石が犬に当たって追いかけられ、足を噛まれた。おそらく本気で犬が噛んだらケガをしていただろうが、たいしたことはなかったところを見ると、もしかすると石も犬には当たっていないのかもしれない。だが、この小さな私の恐怖体験が原因で、いまだに犬は苦手である。

大きな黒い犬は鎖でつながれていたが、微妙な長さで毎度毎度、犬小屋から飛び出してきて吠える。走って犬小屋の前を通過しようとすると、私の動きを察知して早めに犬小屋から飛び出して吠えまくる。忍び足で過ぎようとしても、飛び出してきて一瞬ニヤリ顔をして、そのあと猛烈に吠えまくる。とにかく恐怖だった。

たまに下校時に飼い主さんとお散歩に行っていて犬が留守のときには、かなり気が大きくなり、堂々とその前をゆっくり歩いたりもした。

この犬トラウマは体に染みついてしまっている。私は中年で、犬猿の仲とはよく言ったものだが、どうも吠えるタイプの人とはわかり合えず、距離を置いてしまう。威勢がいいコメンテーターとも反りが合わないことが少なくない。彼らと同席した時の自分のテレビ映りは実に歯切れが悪い。妻も「今日はテレビどうしたの？」と半ばからかい、半ば心配そうに言ってくる。私も「体調悪かったかなあ」とごまかすが、今日の自分は妻にもばれるくらい持ち味が出せなかった、ちゃんと言うべきことは言わないといけない、とは思いつつもシュンとなる傾向がいまだにある。

登下校で私を鍛えてくれたのが、高校の時だ。私の実家は上杉謙信の里、春日山町にある。高校は松平家の里、高田にある。この二つを結ぶのが高校時代の通学路（片道約7キロ）の県道63号上越新井線、通称山麓線である。この山麓線から少し外れたところに金谷山があり、この山は明治44（1911）年、オーストリア・ハンガリー帝国の軍人、テオドール・エードラー・フォン・レルヒ少佐によって、日本に初めてスキー術が伝えられたスキー場として有名である。

この道路はいまでこそ住宅が立ち並んでいるが、30年前は田んぼの中の一本道、さえぎるものが何もなく、標高2454mの妙高山の山々が大きく見えた。春から秋は白いヘルメットをかぶって自転車通学だった。下校時には、カラスが大量に電線にとまり、高い所からガァガァと大声で鳴いている。いつヤツらに襲われるかわからない怖さがあった。家に着くと服に、あのいまいましい、ところどころに黒が混じった白い糞がついていたことが何回もあった。

冬の高田は社会の教科書に「雁木《がんぎ》」が紹介されるほどの豪雪地帯である。雁木は日本海側の都市において、積雪期においても通りを往来できるように連なった民家や商店街の店が軒を延長して庇《ひさし》を道路側に突き出すような構造物である。

最近は積雪量が少なくなったが、小学校時代には、ドカ雪と呼ばれる一晩で1メートル以上の積雪も多々あった。小学校の高学年や中学校の頃、ドカ雪の時は休校となることがあった。自宅やご近所の高齢者の屋根の雪下ろしを手伝うのだ。新潟の雪は、日本海の水を多く含んで重い。ドカ雪ともなれば1日であっという間に家を押しつぶしてしまう。

冬の間中、家の1階には太陽光線が入らないほど雪が積もった。バスで学校に通う手段もあったが、除雪が間に合わず遅れることは日常茶飯事で、運休もしばしばある。相当な割合で、歩きで登下校した。

冬の山麓線は、雁木もなく積雪した雪で本来の道路も見えない。暗くて、寒くて、吹雪いていて地獄だった。歩いていること自体に考えが及ぶと泣きたくなるので、大声で歌ったり、「1・2・3・4・5」と意味もなく大声で自分を鼓舞して高校までの往復をよく歩いた。


10歳のとき、父親が他界した。大黒柱を突然失ったため母が働きに出ていくことになり、祖母が私と弟の面倒を見てくれた。私は小学校の最後まで夜尿症が治らなかった。そんな私を不憫に思ったのか、祖母はいつも私の横に寝てくれて、夜中に何度か私を起こし、御不浄（トイレのこと）に行かせてくれた。いま思えば眠いだろうに、また、冬の新潟は寒さもいちだんとこたえるだろうに、そして、体力的にもしんどかったはずだ。

母も食事やお弁当を作ってくれたが、祖母もよく作ってくれた。だが、その祖母の作るごはんは、基本的に「茶色」。それも、小さい子が好きそうな揚げ物やお肉の茶色ではなく、野菜や魚などの煮物が中心だったので、「何でうちだけ煮物ばっかり？　こんなの食べられない」と祖母に文句を言っていた。祖母がよく「ごめんね、おばあちゃんは、やすひでが好きな最近の料理作れないから。ごめんね、ごめんね」と言っていた記憶がある。

父親が死んだとき、祖母は死んだわが子に「親不孝もの」と言って泣いていた。自分よりも先に逝ってしまったことを本当に悲しんでいた。そして、その不幸を孫たちにも背負わせたことを大変申し訳ないと思っていて、そう謝るしかなかったのだろう。私はそんな祖母に、本当に取り返しのつかない失礼な文句を言ったと後悔している。

隣に親戚のおじさん、おばさんが住んでいて、本当にお世話になった。自分の子供と分け隔てなく、私たち兄弟の面倒を見てくれた。でも私の心の中では、母子家庭となり、図らずもさまざまなことを背負ってしまうことになった、その理不尽さに対して「何で俺だけが」という強い嘆きが、小学校の頃からずっとあった。

高校の時の一人で歩く、長くつらい通学路は、誰にも言えずこの心の奥底にあった気持ちに向き合うよい機会だった。「自分はこの先どうなるのか」「お金がないのに大学に進んでよいのか」などをこの通学路で自問自答した。いま思えば、高校時代の無限に感じた通学時間は、意外にも自分の将来を生きるための本質に向き合っていた時間だった。

当然、答えの出ないことも多かった、でも自問自答するうちに、自分自身でどうするかを決めないと、ただ「なぜ？」という疑問と不満を投げかけているだけではゴールは見えてこないということに気がついた。

このとき、私は理系の進学コースを選んでいた。好きな「火曜サスペンス劇場」の中で、事件現場で活躍する「鑑識」に関心があった。指紋採取から始まり、いろいろな証拠品を、X線や薬品処理などで捜査することに興味を持ち、分析するってすごいと思っていた。

もう一つ、知り合いの交通事故に遭った方から、人工骨なるものが、事故や病気で手足が不自由になった人のお役に立てるということも教わり、それにも強く惹かれ、大学で材料系を専攻したいと漠然と思った。

この二つのことによって、自分はおそらく地元新潟の大学進学ではなく、東京へ行って勉強しようと決心し、就職先も新潟には戻らないと決めたように思う。

大学生になり帰京した時に、おばさんから「卒業後は新潟に戻ってくるんだろう？」と母親がいる場で聞かれたことがあった。母親はそれについて何も言わなかった。私も「新潟にいい就職先があれば戻ってきてもいいけどなあ」とごまかした。それ以降、母親からは一回も戻ってきてほしいとは言われたことがない。

おそらく母親の本音は、できれば一緒に暮らしたい、しかし、子供の将来は子供のものと、ぐっと本音をしまいこんできたのだろう。そんな気持ちが自分も一人の親となりわかるようになってきた。本当に感謝している。

この通学路の自問自答の中で自分の気持ちのありようとして、自分に四つのことを決めた。一つ、うそをつかない。二つ、ねたまない。あと二つは今から思えばひねくれていたなあと思うが、三つ、偉くなって威張れるようになる。四つ、自分に自信がついて、人の意見に自分の意見をかぶせる（人の意見の上を行く）ようにする——というものだ。ひねくれている「偉くなる」「威張る」「かぶせる」は、なにか漠然と「(他人より）すごい人」になることで、母や祖母に、そうなった私の姿を見てもらって、地元を離れたことを許してもらいたいという気持ちがあったと思う。

私はこの四つの頭文字「うそ、ねたまない、いばる、かぶせる」を語呂がよいように「うかいね」と並べ替え、故郷を忘れないように、一本道に引っかけて「うかい（迂回）ね」と頭の中に記憶し、ことあるごとに唱えていた。

地方に育った者は、都会へのコンプレックスからか対抗心からか、都会で一気にトップに躍り出てやる、という野心を抱いて上京する者が少なくない。「迂回」を想起させるこの呪文は、ともすれば一日も早くのし上がろう、そして故郷に錦を飾ろうという私の逸る気持ちをセーブすることに一役買った。「急がば回」らなければ、真の意味での蓄積は生まれない。

後年、社会人になり、いろいろな方にお会いする中で私は、すごい人は「普通」なんだということに気がついた。普通にふるまえるということは、自分に自信があり、人の意見をきちんと聞いてそのうえで自分の意見を言うことができる。そんな人物像にあこがれを持つようになった。

いまでは私の「うかいね」は、「嘘をつかない」「ねたまない」のあと、「いばらない」「かぶせない」と、四つの「ない」へと変更になっている。いまだに毎年の手帳にこのワードを書き込んでいる。高校の時の自問自答のおまじないのように思っている。それを次の年にまた書き込むときに1年の反省をする。

この年になっても、「ねたまない」というのは、いまだにまったくできていないのだが。

育った言葉で話すのが「自分」である

私の実家は新潟県の春日山にある。人口約19万人（2021年）であり、戦国武将・長尾景虎（上杉謙信）の居城である春日山城（跡）の麓に位置する。そこで高校まで過ごし、大学は東京工業大学に進学した。

いまでこそ実家から車で20分ほどの北陸新幹線の上越妙高駅から東京までは110分程度と近いが、上京した1988年当時は、片道5時間と長旅だった。

当時東京に行くのに利用したのが、97年まで運転していた信越本線だった。いつも満席だった印象しかない。込み合う車内の唯一の楽しみが碓氷峠《うすいとうげ》、麓の駅のホームで買う「峠の釜めし」である。群馬県と長野県の県境にある碓氷峠（信越本線横川～軽井沢間）は、約3・8度の勾配で、鉄道としてはものすごい急坂の難所ゆえ、峠の麓にある横川駅では下り列車に急坂を押し上げるための機関車を2両連結する。上り列車では、峠の頂にある軽井沢駅で連結し、ブレーキを利かせて下ってきた機関車を切り離す。この停車時間を利用して乗客はホームに降りてゆっくりと駅弁を買うのだ。

　釜めしの容器は保温性に優れている益子焼の土釜だ。自家精米したコシヒカリを、利尻昆布と秘伝の出汁で炊きあげたもので、ほのかな醤油風味の炊き込みご飯の上に、鶏肉、ごぼう、椎茸、筍、グリーンピース、栗、うずらの卵、杏、紅ショウガなどの具材が盛りつけられている。私は、蓋を開け、条件反射的に、好きなおかずから食べる。いちばん先に食べるのは椎茸であり、それから筍、ごぼう、栗と続く。椎茸は噛むとじゅわっと煮汁がしみだし口の中が満たされる。幸せな気持ちになる。

　そこで、はたと気づく。これらは図らずも遠い昔「茶色ばかりだ」と悪態をついた、祖母の作った弁当に入っていたものばかりではないか。

　東京に行ったらコンビニ弁当やファストフード店で、いつも一人で寂しくご飯を済ますことになる。この釜めしを東京の往路に食べることは、祖母の味を最後に確認しながら、東京での暮らしを覚悟する、そんな意味が自分の中にはあったのかもしれない。

　祖母が亡くなってから数年後、車で実家に帰省する際に、碓氷峠に立ち寄り、久しぶりに釜めしを食べた。椎茸を食べながら「ばあちゃんのおかげで、テレビに出られるようになったよ」と、「うかいね」を思い出しながら空を見上げて報告した。

信越本線で大学進学のため上野駅に降り立ったのが1988年4月である。それまで旅行や受験で何度か東京に来ていたが、そこで生活をすることを決めて初めて降り立ったのも、この駅だった。

信越本線を降り、下宿先の大田区に向かうため山手線に乗り換えたホームで、私は突然めまいに襲われ、座り込んだ。まあ、いまでは信じられないが、視界の中の空の面積があまりに小さく圧迫されて、気持ち悪くなったのだ。高村智恵子は「東京には空がない」と言ったそうだが、それから数十年のちの状況は、推して知るべしであろう。

「解析不能」――。新潟の空は長い冬の間中、どんよりした鉛色である。東京のカラッとした青い空にも慣れない感じを受けたが、見えるのは建物ばかりで、視界に直線が並ぶ。故郷の新潟高田は山が見え、海が見え、自然物に直線はない。その違和感に脳が耐えられなくなったのだろう。

一人で東京都内を動くのが怖く、とにかく駅員さんに目的地までの行き方を聞いて、乗り換えをする駅と路線の名前を呪文のように繰り返しつぶやきながら電車に乗って、下宿先に向かった。下宿の大家さんに挨拶にいったときに、「上野駅からここまではどうやってきたの?」と聞かれて、「汽車できました」と頓珍漢な答えを返した。大家さんからは「東京は汽車じゃなく電車だよ」と言われ、田舎者丸出しで恥ずかしくてたまらなかった。

自分の部屋に入り、しばらく持ってきた荷物をかたづけ、落ち着いたあとに、水道の水を飲んだ。薬の味がしてそのまずさに驚いた。

それから数日、都内を歩きまくった。都会では海は見えない。山は大きく見えない。自然は公園という人工物だけということにびっくりした。360度自然の中で育った私には、とにかく大都会のコンクリート・ジャングルは、なべて息苦しかった。東工大のキャンパスに入ると、構内を横切る大井町線の横から富士山が見える。その横に大きな林の中に土のテニスコートがあり、なんだかホッとしたことを覚えている。

東京に来て一番びっくりしたのは、意外にも自分のしゃべりに新潟弁が染みついているということだった。高校までは私は、自分は標準語をしゃべっていると思っていた。東京に来てイントネーションがかなりちがうということに驚いた。たとえば「いちご」「とざん」「べんとう」などは、故郷と東京とではまったくイントネーションが異なる。大学の同級生と話をしていると、一瞬、相手の動きが止まるのがわかる。それがあまりにも頻繁に起こるので、相当なまっていることに気がついた。

大学時代はそのイントネーションを変えようと思ったし、1992年に社会人になってからはなんとしても直さないといけないと思ったが、2000年に入ってからは、あえて無理をして変えようとすることをやめた。

98年に結婚した。妻の実家は秋田だ。東北の方言はなかなかいい。秋田は名詞の最後に

「こ」をつける。「〇〇っこ」「〇〇っこ」といった感じだ。とてもかわいらしい。さらに特徴的なのは、名詞や動詞を短くする。秋田の親族の皆さんとの顔合わせの会の時に、義理の父に「やすひでさん、け、け」と言われた。

秋田では「け」というのが、髪の毛をいう意味もあるし、「来る」「食べる」と動詞を一語で言い、しかも状況によって意味も変わる。義父は「やすひでさん、こっちに来て、食べなさいよ」と言ったらしかったが、その時はまったくわからなかった。幸い義父が手招きをしてくれたので、こっちにおいでという意味なんだなあと理解できた。

前にも述べたが、私は10歳の時に父親を亡くした。だから義理の父の思い出が「父親」の思い出になっている。その義父も病気で亡くなった。口数が少ない人だったが、われわれ夫婦、そして義母の三人の会話を、少し距離を置いたところから、にこにこしながら、秋田弁で「んだ、んだ」とうなずきながら聞いていた姿が今でも思い出される。そんな義理の父が好きだった。思い出の義父はやさしく、秋田弁で話しかけてくれる。方言は温かく、人の気持ちを豊かにしてくれる。

岩手県出身の石川啄木は、「ふるさとの　訛なつかし停車場の　人ごみの中に　そを聴きにゆく」の有名な歌を詠み、上野駅で聞こえる故郷の訛りに耳を傾けた。啄木は岩手、私は新潟で故郷は異なるが、東京から離れた故郷から出てきた者に共通する思いがあったのかもしれない。

いつしか私は、方言は「自分の故郷そのものであり、その人そのもの」なのだと思うようになった。そして、なぜわざわざ「自分」を東京弁に変えなければいけないのかと疑問に感じ始めた。

娘が小学校の低学年のとき、保護者が朝、子供に絵本を読み聞かせる場があり、私も参加していた。私のイントネーションはやはりおかしく、素直な子供はそのイントネーションに笑ってくれた。笑ってもらえたのは「ねずみ、チュー」というフレーズだったように記憶している。恥ずかしいと思うのか、笑ってもらえてうれしいと思うのか、どっちと判断するのかは自分だなあと、そのとき気がついた。

いまではテレビで堂々と、東京の標準語とはちがう、でも東京での生活が30年にもなったので新潟弁とも異なる不思議なイントネーションで話すが、それを恥ずかしいとは思わなくなった。これがいまの私そのものなのだから。

なぜ保険会社の社員になったのだろう

保険会社には、アクチュアリー（保険数理人）と呼ばれる専門家がいる。いまでこそ話題になっているビックデータは、保険業界で言えば「大数の法則」のことだ。このアクチュアリーは、確率論や統計学など数学的な手法を駆使して、将来のリスクや不確実性の評価を行う。主に保険分野で、人口調査、事故率、気象情報、政治、経済動向などの統計データを収集して「保険料」「新保険商品」などを算出・提案するのである。大学では理学部・数学科専攻の人がこの仕事に就くことはよくある。しかし、私は数学専攻でもないし、アクチュアリーを志望して保険会社に就職したわけでもなかった。その私がいま、保険会社の研究機関に職を得ているのは、いったいなぜだろう。

大学では体育会のテニス部に所属していた。バイトは定番の家庭教師もやっていたが、実は、シンクタンクでも働いていた。最初にバイトの話を友達からもらったときには、

「シンクタンクってなんだ？」と思った。

当時はインターネットもなかったので、そこがいかなるところかもろくに知らないまま、バイト先に行くと、与えられた仕事は、大量の紙媒体の資料からデータを拾い出し、それをパソコンに入力し、プログラムを動かし解析を行う作業だった。

シンクタンクとは、think（考える）とtank（蓄える容器）とを組み合わせた言葉で、意訳すれば「頭脳集団」だろうか。政治、経済、科学技術など、幅広い分野にわたる課題や事象を対象とした調査・研究を行い、解決策を提示したりする研究機関のことで、よく「○○研究所」とか「○○総合研究所」などの名称がついている。業務の中心はデータ収集及び分析である。当時分析処理を行っていた数値は、たとえばナンバープレートを偶数や奇数に分けたら首都高や一般道路の渋滞はどうなるのか、というような課題を研究していたように記憶している。私の中では、目の前で動いているものをデータ分析し、その中に「何かを見つけ出す」作業がとても新鮮だった。

また、パソコンでプログラムを書けるというものも、理系である私の性に合っていた。私が高校生のとき、ＮＥＣの98シリーズが大人気だった。隣のおじさんが持っていて、簡単なプログラムなどを教えてくれた。プログラムは自分の好きなように書け、正確に動くも動かないも自分次第である。プログラムを通じて初めて自己表現の楽しさを味わった経験だった。

当時、ゲームの「平安京エイリアン」にドはまりしていた。平安京に侵入したエイリアンを殲滅するゲームで、穴を掘り、エイリアンを落とし、埋めるという単純なルールだった。それまでの攻めのゲームとちがってプレイヤーが敵に対して行うことは「待ち」であり、非常に戦術的な要素を持っていて、楽しかった。このゲームは東大生が開発したゲームで、多くのメディアで取り上げられていた。自分もプログラムを覚える中で、いつかこういうゲームを作れたらいいなあと思っていた。

大学に入っても勉強は熱心にはなれなかったが、プログラミングは趣味の延長線上で続けていた。ゲーム作成ではなかったが、バイトで自分のプログラムで何かものが動き、計算ができる。そしてその結果のアウトプットが見えるというのが楽しかった。おじさんから高校生の時に教えてもらい、初めて経験した自己表現をふたたび感じることができた。

大学4年になり、就職活動が始まった。その頃には就職先として、研究機関を真剣に考えるようになった。ところが、研究機関で働く知り合いに相談したら「大学院卒じゃないと内定は難しいかな」と言われた。私は「そんなばかな！」と思ったが、逆にそこまで専門性がないと、研究機関に入れないという世の中の構造を初めて知った。

たまたまテニスで知り合った日本生命の先輩から、日本生命も研究機関を持っているとのことで、面接に挑み、内定をもらった。私の目論見では1年目から研究機関へ出向となり、そこで研究業務を行いたいと思っていたが、92年に入社後、まず日本生命本社の融資総務部に配属になった。そこでは金利スワップのデリバティブを担当した。当時流行り出した金融工学である。

95年の4月に入社時からの希望だったシンクタンクへの異動が決まり、喜んだ。私自身理科系出身で、最初の業務で金融工学を担当したキャリアからして、シンクタンクにある金融研究部という金融工学の部隊に配属されると思っていたが、配属先のメイン・タスクは、まったく畑ちがいの「エコノミストになる」ことであった。

エコノミスト？　それまで経済はまったく勉強したことがなかった。どうしよう。できるかな？

そこでとるものもとりあえず、当時の上司が進めてくれたいくつかの基本的な経済書をまず徹底的に読んだ。当時はまだインターネットも発達していない中で、情報の集め方、分析のやり方を徹底的に教わった。またレポーティングも徹底的にトレーニングしてもらった。

ただ、そんな中で、自分では「経済を勉強し、いま起こっていることを理解し、予測すること」に何の意味があるのか、よくわからなかった。

1997年のコペルニクス的転回

エコノミストという職務をスタートさせて2年、日本は大きな転換点を迎えた。

1995年頃から信組の業務停止命令や、公的資金6850億円を投入する住専処理策が決定するなど、バブル破裂後の低迷する日本経済にまとわりつく難問・不良債権問題のきな臭さはあったが、97年に入ると、4月には生命保険で戦後初の破綻となる日産生命に業務停止命令が出され、11月には三洋証券、北海道拓殖銀行、山一證券が一気に倒れ始める。金融市場もパニックとなり、日経平均株価は、1996年には2万円を超えていたが1997年末には1万5000円台に急落する。市場は、次はどこの金融機関が破綻するのか疑心暗鬼になり、大手銀行であっても自己資本調達を急ぎ公的資金の注入に応じ始めた。

98年7月からの、いわゆる金融国会では、経営破綻処理の法律を成立させ、10月には政府は名門・日本長期信用銀行（仲間の話によれば、文系学生の就職したい企業ベスト10に常に名を連ねていたそうだ）を債務超過と認定し、一時国有化を決定、12月には日債銀が破綻するなど、金融危機の流れはまったく止まらなかった。

ある金融機関にいくら自己資本やソルベンシー（支払い能力）があったとしても、国民がひとたび金融危機を意識してしまえば、預金や保険、年金を一気に解約し始める。昭和恐慌時など、歴史的にも有名な「取り付け騒ぎ」が起きるのだ。この流れに呑み込まれてしまうと、いかに頑強な金融機関といえども、ひとたまりもない。取り付け騒ぎの映像や、実際身近でその動きを見ると、人々の考えが一方に傾斜したときのパワーはすごさを通り越して、恐ろしさを感じた。夜のニュースや朝の新聞の一面に破綻などの記事が出ていないか、毎日ドキドキしていた。

周りの人からは、当時「ザ・生保」として世界中で活動していた日本生命は破綻などするはずはないと言われたが、私は日本が崩壊してしまえば、個社はどうにもできないとの不安しかなかった。

消費者物価指数でみると、1998年9月以降、日本は「デフレ」となった。98年はじめには2％近くあった長期金利は1％を割り込んで、長短金利ともほぼゼロ金利の世界に突入した。悲観論が蔓延し、日本経済がこの先融けてしまうとの危機意識も高まった。日本の空気が一気に変わった。

自分たちがぬるま湯の中で教育されたお題目があった。日本は豊かでこれからも右肩上がりの成長は続く、不平等はほとんどない、終身雇用が日本を強くする、銀行など金融機関は世界のトップ20の中に7行も入っていて、この先も絶対につぶれることはない——などだ。それが当たり前で未来永劫続くという幻の中で、私たちは生きてきた。

ところがそれが一気に雲散霧消して、日本が完全にひっくり返ってしまった。まさに「それまでの認識が、天地がひっくり返るように変わってしまう」コペルニクス的転回であった。

近代の日本で、コペルニクス的転回は明治維新、第二次世界大戦の敗戦とこの97年に起こった金融危機の三度だろう。私は高校生のとき、「1999年7の月に人類が滅亡する」というノストラダムスの大予言の本に熱狂し、一つひとつの言葉の迫力と重みに圧倒されていた。その人類滅亡の2年前に、本当に、日本にコペルニクス的転回が起きてしまったのだ。

私は95年から金融政策や金融市場を担当していた。金融機関が破綻するなど、日本が融け始めていく。それと同時に日本経済の現状を把握し、将来予想を立て、破滅にならないように、また目指すべき日本に再生させるために政策を立てるエコノミストの仕事への無力感を強く感じた。経済の面白さもなくなっていった。

この頃から、日本だけでなく、世界中がおかしなことになっているとの不安が、じわじわ浸透し始めた。前述したように、私は、この不穏な空気の中、98年に結婚し、金融機関破綻の翌年の99年にエジプト旅行に行った。97年の無差別殺傷テロ事件（ルクソール事件）のため、観光地やホテルにもいたるところに兵士が護衛をしていた、物騒なハネムーンであった。

翌2000年、ケニアに行った。ナイロビでアメリカ大使館の爆破された跡がいまだにそのままになっているのを見て、いっそうむなしさに襲われた。

2001年、ニューヨークなどで同時多発テロが起き、アメリカ絶対安全神話は貿易センタービルとともに崩れ落ちた。

2002年、アメリカ大使館文化部東京アメリカンセンターからの招待で、大和銀行（当時：現りそな銀行）の黒瀬浩一さん（現・りそなアセットマネジメント）らと一緒にワシントンに行き、前年テロで旅客機が突っ込み大破したペンタゴン（国防総省）の中に入った。日本だけでなく世界も異様な状況になっていた。

95年から二十数年、エコノミストをやっているが、キャリアをスタートしてから2年しかたたない97年に、自分の中にある、ある意味普遍的な価値観が崩れる瞬間を早くも迎えてしまっていた。それは私が30歳を迎える1年ほど前のことであった。

きっかけは偏微分方程式

そんな中で転機を迎えることができたのは、いくつかの偶然が重なったことだった。

私自身は「不倒」神話に護られた金融機関が、蓋を開けてみれば次々と破綻するさまを見て、自分が就職した金融機関・日本生命の先行きをとても不安に思っていた。そんなときに妻から「どんなことがあっても、将来的に金融自体はなくならないでしょ？　スキルがあれば問題ないでしょ？」と言われて、はっとした。私は自分が勤めている「日本生命は大丈夫だろうか」と勤務先の社名を主語で話す機会が多かった。しかし、妻からすれば、主語の設定がおかしいということだろう。

妻は転職を経験していて、個人と会社との関係を、私よりもはるかに理解していた。日本の金融は融けているかもしれないが、なくなりはしない。復活したときに必要になるのは、ただ自分自身のスキルだけだ、と諭された。その言葉もあり、２０００年に青山学院の大学院に入学し、自分にきちんとした経済分析能力をつけようとした。それには理系であり、実務で金融工学もやっていたので、大学院で金融工学の専門性を高めようと思った。

そのカリキュラムの中に、ちょうど有名な経済学者の小宮隆太郎先生が教鞭をとられているとあったので、その講義を受講することにした。社会人が多く参加する講義だったが、仕事で忙しい方が多かったためか参加者が比較的少なく、私は理系出身で経験したことがないが、人にお聞きするところの、いわゆる「大学のゼミナール」のような濃密な講義だった。

外国為替など、かつて先生が海外に留学されたときに、円とドルを替えるのがいかに大変だったかという話は、20年たった今でも覚えている。まさに国際為替が自由化されるその時代の空気を体感されたお話は新鮮だった。

大学院を出てから、先生の著書『アメリカン・ライフ』を読むと1956年から3年間、ハーバード大学に留学した時の経験をまとめたものだった。先生から講義を受けた後に読んだので、主人公をイメージしやすく、とても面白かった。

私がびっくりしたのは、高校・大学で習ってきていた数学がこんなところに役立つのか、という発見だ。経済問題を連立方程式にし、偏微分方程式を解くことで変曲点を見つけ出し、そこで経済状況がどう変わるかということを予測できる、ということだ。

大学までは偏微分は、立体地図のようなものの上に、球を山の頂点から落とすと、どこに向かって球が転がってどのような運動をするのかといったことを方程式から導き、その軌跡を頭の中でイメージしたりしていた。しかし経済で同じ偏微分方程式を取り扱うと、初期条件を与えてあるものを動かし始めると、ほかの経済主体にも徐々に変化が生じ、その変化自体がまたもとの経済主体の行動に影響を与え始める。いままで数学で単に数式として解いていたことが、経済という生き物として動き出すさまに仰天した。

大学時代、あのシュプリンガーの黄色本で、期末テスト対策として偏微分方程式を繰り返しトレーニングした。テスト前に連日の寝不足で血尿が出た、嫌な思い出しかない。

経済を本格的に勉強したことがなかった私にとって、ただ単位を取るために点数を稼ぐだけの数学が、こんなに役に立つんだと初めて感じたし、それまで経済の本で三面等価など概念的なことばかり学んでいたが、突然、経済というものが社会を動かすダイナミックな主体となってイメージでき、私の頭の中で動き出したことにびっくりした。

2000年代の初めから、上智大学の竹田陽介先生と当時ニッセイ基礎研究所の上司だった大阪経済大学の小巻泰之先生と3人で、研究会を始めることになった。研究テーマに挙げたのが、異質性だった。経済主体に異質性があることは感覚的には理解していたが、それを理論、実証で明らかにしていった。

たとえば企業は先ざきの予想で経営判断を打つ傾向が強いが、家計は過去に起こった事実にひきずられて意思決定を行うなど、経済主体や時代によって傾向が異なることを実証していった。竹田先生が紹介してくれる理論ペーパーで経済主体の行動が数本の式で表せるというのが、たまらなく面白く感じた。テイラー展開がこんなことに役に立つんだとか、実証を行うときのプログラムを自分で工夫しながら千本ノックをする作業など、いままでの理系としての経験が役立ち、とにかく研究に没頭した。

２００５年にその成果を『期待形成の異質性とマクロ経済政策』にまとめた。合理・非合理（rule of thumb consumers, backward-looking firms）と異質に形成される期待が、消費や設備投資などマクロ変数に与える影響と政府の経済政策との相互依存関係に着目した実証研究である。自分の意思でエコノミストをスタートしたわけではないが、２０００年代初めのいくつかの出会いが次第に、自分が経済に浸ってしまう体質へと変貌するきっかけとなった。

景気は何から読みますか？

エコノミストとは経済学者や経済研究者・分析官など、主としてマクロ経済に関する調査・分析を行う専門家のことで、世の中にはエコノミストはたくさんいる。委託先のビジネスや資産運用のために、環境分析や市場予想などを行う。足下の経済構造がどう変化するのか、たとえば税制や社会保障などの制度はどう変わるのか、海外経済の動向はどうなのかなど、調査分析の対象は広い。私は親会社が日本生命でその子会社のシンクタンクに所属し、各国の運用環境や主に国内の経済状況について分析を行っている。

景気はどうですか――人によって景気のイメージは異なる。同じものをみていてもちがうようにも感じる場合もある。景気には上向きなのか、下向きなのか、その方向性とともに、水準が問題となる。

たとえば売上が昨年度よりも伸びていても、企業によっては昔の売上に全然水準が達していなければ「景気は悪いなあ」と答える。その一方で昨年度よりも売上が30％落ちていたとしも、過去10年と比べてトータルでは倍増していることだってある。そういう方は「ぼちぼちですかねえ」と答えられる。「景気の気は気持ちの気」と言われる由縁である。

私はその気持ちが変わるものを、いくつかの動きで見ようとしている。電車のつり革広告や、雑誌の表紙タイトルなどである。これらの写真を撮っておいて時系列で並べてみると、変化がよくわかる。また、理髪師に最近の女性の髪型をお聞きするのも楽しい。なんとなくだが景気が悪くなってくると女性の髪が長くなり、景気がよくなると短くなるという感覚を持っている。美容院にとってみると、来店の頻度が1カ月に1回から、2カ月に1回になっただけで、売上が二分の一になる。この美容院に来店しようと思う気持ちは、やはり懐の温まり具合や周りなどに大きく左右されるようだ。当然たくさんのデータは見るが、データになりにくい定性的なものを見ていると、意外にも世の中の変化がわかるものだ。

この景気動向を左右するものは、実にいろいろある。企業にとって、たとえば消費税や法人税など税制の変更は収益に直結する。また輸出を取り扱っている方からすれば、海外経済の動向や為替レートも大きく影響してくるだろう。借入が多い企業なら借入金利なども大きな要因である。そのほかにも国内の消費動向など、多様な要素が影響している。

エコノミストはこれらの事象から、ありとあらゆることを踏まえて景気の動向を予測する。でも、エコノミストでなくても、人は生活を営んでいる以上、多くの経済要素に直面し、それを予想しながら自身の生活をしている。つまりエコノミストと同じ感覚は万人が持っているはずである。

職業として「エコノミスト」が存在するためには、ものすごくたくさんのデータを見る必要があるし、ものすごくたくさんの要素を知る必要がある。それは政治、海外、財政、金融政策、貿易政策、安全保障などあらゆる面となる。それらは経済を規定すると同時に、経済によっても影響を受け、相互依存となっている。これを時代によって見極め分析し、経済の現状を把握するとともに、将来を予想することがとても面白い。

理念なき巨大戦艦バカロン

平成以降の首相の名前を順に全員言えたら、今日の会合は「私がごちそうします」というのが、昔から知る人によく言う私の決まり文句である。おごる気は毛頭ない。いままですべての首相の名前を言えた人は、ほんの数人である。平成初代の首相は第75代宇野宗佑氏であり、平成最後は第98代安倍晋三氏である。平成30年の間に17人の首相が誕生している。小泉氏と安倍氏が長期間首相をやっていた半面、それ以外のほとんどの人は1年も在任していない。

この問題に答えられなかったこともあってか、経営者の中には「これだけ首相が代わってしまう政治はどうにもならないし、日本もよくならない」と捨て台詞を吐き、「どうして政治家や役人はダメなんだ！　みんなバカなんじゃないか？　経営や日本経済の足を引っ張るな」と怒りの言葉をのたまう。「政治家や役人の多くは最高学府出ですよ」と言うと、日本の学校は何の役にも立たないんだなあと、さらなる嘆息が続く。

私も仕事がら「べき論」をよく口にする。たしかによい方向に物事を進めるためにはべき論は大事だが、重大な問題が起こり民意が変わらないと、べき論を進めるような意思決定はなされない。日本はデータによるエビデンスベースの経済政策が動かない。そうなると一部の感情論が増幅され、全体論として議論され、経済政策としてのべき論どころではなくなってしまう展開がずっと続いている。


エコノミストが政策を予想するために必要になるのは、べき論を論じることではなく、政策の意思決定がどちらの方向に進んでいるのかを探ることだ。これが重要になる。

政府は、毎年6月に骨太の方針を示す。そこに書き込まれたことを政策として実行に向けて動き出す。逆に、ここに書かれないことは、いくらべき論を言っていても政策としては動かない。さらに、書きぶりも「○年度末までに実行する」など、時間を切られて明記されたものと、「○○を検討する」程度の表記とでは、意味がまったく異なる。前者は政権から霞が関に「確実に実行せよ」との内容であり、後者は、私のゆがんだ解釈も入っているが、「やるかやらないかも含めて政策の実行はまだまだ予断を許さない」と解釈される。俗に言う「霞が関文章」である。

ある一時期、本社会長の下で、経済同友会、経団連、財務省などの要職のサポートを担当した。この経験がとても役に立った。民間団体や政府や霞が関の意思決定がどういう仕組みで行われるか、肌で体験することができた。

それぞれの過程では同じような資料や文章が毎度毎度出てくる。しかし、実際にこの政策はやろうとか、やらないという意思決定がどこかでなされると、微妙に資料や書きぶりが修正されてくる。それがどう変化したのかを見ていくことで、いわゆる「政策のバイアス」を知ることができるのだ。日本では20年も前から政策でやらなければいけない「べき論」が相当程度積み上がっているし、現在議論されている項目とそれほど大差はない。実際に政策として実現するかは、政治、霞が関の意思決定がなされるか次第である。

日本国や日本の組織には理念が強くあるとは思えない。その中で多くの組織は、組織の利益のために働く。巨大にできあがったがんじがらめの組織の中で、自分の取り分を最大にする「分取り合戦」を繰り返している。それぞれの立場には、「組織の論理」「過去の経緯」などさまざまなしがらみに基づいた論理がある。政治が決定する政策は、その複数事実の妥協の産物である。

表面には表れない政策的な駆け引きばかりでことを進めていると、畢竟、手詰まりになる。これから日本はどうするのか、その理念を腹を括って決定し、それに向けてインセンティブが働くような制度変更を強いリーダーシップを伴って実行しないと、今後何年経っても「バカ論」はなくならない。実はバカではなく、きわめて優秀だからこそ、「ダメな制度のインセンティブの中で最良の動きをしている」のだから。

1年にも満たない首相の任期がこの先もまた続くようでは、中期的・抜本的な改革をすることはできない。今の政治制度の中で誕生した首相はそのメリットを捨てた改革もしない。小泉純一郎元首相は「自民党をぶっ壊す」と宣言して首相になった。戦後は、吉田茂元首相や佐藤栄作元首相のような強い政治家もいた。課題放置国家となっている日本で、普通に「べき論」を動かすために必要なのは、バカもバカも大馬鹿のハチャメチャな政治家が長い期間政権を持たない限り、「変える」ということはできない。

一方で、政治家や官僚からは「どうして民間はリスクを取らないし設備投資もろくにせず、政治にばかり頼るのか。イノベーションを起こすのは民間じゃないのかな、なさけない。これだから俺たちが民間をリードしないと日本はダメになってしまうんだ」と嘆かれる。現行制度のインセンティブを変えない限り、国も官僚も民間の中のいたるところに「バカ論」はこれからも潜む。べき論を語れなくなった日本の巨大な戦艦バカロンは制度疲労を起こしている。

金融フェードアウト

1979年の正月、自分はこのとき10歳だと記憶しているが、おじさんから、硬貨ではなくお札でお年玉をもらった。このとき初めてお札の後ろのおじいちゃんに気がついて、これは誰なのか聞いた記憶がある。なぜそんなことを覚えているかと言えば、歴史オタクのおじさんの「今年は伊藤博文没後70年なのだよ！」ということばが耳の奥に残っているからだ。伊藤博文の1000円札は、現在の野口英世、その前の夏目漱石の2代前になる。2代前の1000円札の裏には「日本銀行の旧館」が印刷されていた。

その日本銀行がこのお金を造っていると当時知って、すごいなあと思っていた。その日本銀行は40年たって、お金を刷るだけでなく日本企業の債券や国債を買い漁る組織になっている。ETFと言われる上場投資信託も大量に購入し、多くの上場企業の実質的な株主にもなっている。私は日本銀行が40年で大きく様変わりしたように感じている。

世界には極端な二元論や白黒論争がたくさん存在してきた。日本の金融政策にも白黒論争が勃発した。安倍晋三首相は2013年、政権の経済政策（いわゆる「アベノミクス」）の第一の矢、大胆な金融緩和を打ち出すためにリフレ（市中資金量供給を大幅に緩和することで市場経済を活性化し、それによりデフレ状態を脱却させる金融政策）派の黒田東彦氏を次期総裁に選んだ。しかし、当時の日銀総裁・白川方明氏は、それによって日銀が国債の事実上の引受機関となると政府と日銀の一体化が進みかねず、将来の日本経済が不安定化するとして、リフレ政策を真っ向から否定する。黒田総裁も白川体制の金融政策ではデフレを克服できないとして就任早々、量的質的金融緩和を一気に進め、まるで白川体制を完全否定するかのような動きを取る。

市場でも金融政策万能論がもてはやされ、毎回の黒田総裁の記者会見は多くの市場関係者やマスコミが注目し、総裁が何を話すのかに注目が集まった。ちょうどその頃WEBで総裁会見がリアル配信されるようになり、私もパソコン画面を食い入るように見ていた。会見が終わると会見に参加していた知り合いのマスコミの方に電話し、「今日の総裁はどうでした？　今後何か新しい政策が出そうな気配ありましたか？」と興奮して聞いたことを記憶している。私自身、金融政策にどっぷり身も心も持っていかれていた。黒田氏が繰り出す強力な非伝統的金融政策は、就任当初は人々の期待に強く働きかけたが、やがて色褪せてマンネリ化し、手詰まり感が漂っている。黒田総裁は二期目に突入したが、あれだけあった高い評価は消え失せた。市場関係者であっても日銀総裁会見を見ない人が多くなっている。

日銀が示す経済物価見通しは、エビデンスに乏しい希望的観測であり、現実味のないものだとの見方も広まっている。もはや、金融政策に対する期待はどこにもない。投資家や個人投資家や経営者の興味もなく、私も講演で解説する機会がまったくない。

日本銀行は世界に先駆けてゼロ金利、量的緩和、長短金利付き量的金融緩和など、その時どきの最先端の金融政策を導入してきた。それゆえ日銀内部からは「当行は世界の中央銀行のトップランナーだ」と、自慢なのか、嘆きなのか、なんとも言えないコメントを、マスコミを通じて聞くことが増えた。

先述の竹田陽介先生と2000年頃から金融政策に関する実証研究を行ってきて、2013年に『非伝統的金融政策の実証分析』という共著をまとめた。期待に働きかける政策効果を発揮するために、「最後の買い手」として日本銀行は何を買うべきなのかなどについて実証を行い、中央銀行の近未来像を考察した一冊である。

異質もまた真なり！　この本のタイトル中に「非伝統」の語を含ませた思いは、個人的に現在の金融政策がすでに非伝統であるという認識とともに、多くの年配者が思っている

「伝統」と言われる金融政策は将来的には消え、現在の「非伝統」的金融政策が新たな「伝統」になってしまうのではないかという皮肉を込めたのだ。

この本の刊行とほぼ時を同じくして黒田日銀体制がスタートし、白黒論争はさらに激化する。守旧派とリフレ派が互いを異質だ異質だと排斥し合って、日本の金融政策はわけのわからないことになってしまった。たかだか10年の間に、金融政策万能論から金融政策弊害論まで、振り子は大きく振れすぎている。私自身、２０００年から日銀をはじめ各国の金融政策に研究の大半を費やしてきたが、市場の期待がなくなると同じように、私の関心も金融政策から離れてしまった。

矢嶋的「秘密のケンミンSHOW」

日本生命は全国都道府県すべてに1500の拠点がある。私は、日本生命のお客様向けの講演や企業訪問をして経営者や税理士、地方公共団体の方々とディスカッションを行っている。その関係でこれまで、すべての都道府県に何度もお邪魔している。

午後現地に入り、講演や企業訪問し、夜は会合をし、次の日はまた別のところに移動する生活を10年間くらいやった。2000年代の半ばに、ふと不思議な感覚を持った。夕方現地入りすると、風景をほとんど見ない。ホテルに泊まって、いつも朝食はバイキングで、白飯とみそ汁と納豆、ウインナー、漬物。そして食後のコーヒーとヨーグルトと決まったものを食べる。それを繰り返していると、いまどこの地方に宿泊しているのかよくわからなくなったり、宿泊した地方の印象がまったくないことに気がついたのだ。

これはもったいないと思い、私は一つの決まり事をできるだけ実行するようにした。出張先への前入り時間を早めるか、帰京の時間を少し遅らせるかした。前入りできるときは、できるだけお昼にかかるようにして、お城など名所を訪ね、できれば一人で地元のお店に入りお昼を食べ、ぶらりとスーパーに入ってその地方の不思議な食べ物を実際に見て回るなどした。全国のスーパーにいくようになって、私は練り物が好きだったがさらに好きになった。結構はまっているのが、愛媛松山のじゃこ天、そして広島のがんすだ。じゃこ天は2、3分トースターで焼いて松山の甘い醤油をちょっとたらして食べる。魚の骨の食感が「ジャリッ」と少し残った練り物で、魚の香りと旨味がしっかり味わえる。がんすはすり身にパン粉をつけ揚げられている。パン粉のサクサク食感が楽しい。商品名で「うまいでがんす」というのもある。パッケージを見るたびにくすっと笑ってしまう。帰京の時間が遅い時は、持参した運動着に着替え、早朝、街なかをランニングか散歩した。同じところも朝と昼間と夜ではまったく別の顔を見せる。歩いて、見て、食べて、話すことを何年も繰り返すと、自分なりのその土地の楽しみ方ができてくるし、自分のルーティンができあがる。

私がひそかにはまっているのは、歩きながら不思議な住所を見つけることや、各地独特のマンホールのふたの写真を撮ることだ。交通機関もいつも同じルートとなるので、そこでもルーティンが生まれる。福岡は空港に到着したらまず地下鉄で移動し、うどんを食す

（ラーメンにあらず）。ゴボウ天の食感がたまらない。帰りは福岡空港の上の階にあるお寿司屋さんで、滞在時間30分以下で地のものと日本酒をいただき、速攻で飛行機に乗って爆睡する。

広島はいつも新幹線を使う。新幹線の改札に入る前に駅から少し離れたお店でオイスターの瓶詰を購入する。このお土産がアテにもパスタにも絶品だ。そして改札横のビルの地下のラーメン屋で、短時間で食べていつも口の中をやけどし、新幹線に飛び乗る。

名古屋では新幹線ホームできしめんを必ず食べる。社会人になっておそらく１００杯は軽く超えていると思う。秋田では新幹線出口の日本酒の立ち飲みスタンドだ。２杯でやめようと思ってもやめられたためしがない。仙台は「ずんだシェイク」だ。新幹線に持ち込もうと思って購入するが、乗車前に我慢できず飲み終わってしまう。札幌は空港職員の方も利用する食堂の味噌ラーメンが安くておいしい。ここ数年は空港滞在時間があまりに短く、食べる機会が激減してしまい、本当に残念だ。

出張に出かけた時に、できるだけスマホでいろいろな写真を撮りまくるようにしている。たとえば車内の夕飯のお弁当がどう変化したかを見ると、かなりいろいろなことがわかる。リーマン・ショックが起こり一気に出張がなくなったとき、新幹線の中は閑散としてしまっていた。出張費も削られる方向になると、節約が夕飯のお弁当を変える。リーマン前までは１０００円超えのお弁当とビールが定番であったが、リーマン後は単価が明らかに1000円を割ってきた。数年後リーマンの傷が癒え始めると、お弁当の単価も上がり始めるが、顕著になったのはビールの本数が増えたこと。さらにビールからハイボールに飲み物の嗜好も変わったことがよくわかる。

企業の業績サイクルとも一致する。ここ数年、出張が大きく変わったなあと思うのは、東京〜大阪間、ずっと映画を見ているかゲームをしている人がえらく増えたことだ。新幹線の中でワイファイが利用可能になったことも大きいと思う。

新幹線の外も写真を撮っていると面白い。再生エネルギーの広がりである。つまり太陽光パネルや風力発電が景色の中に入り込んできているのだ。また駅でのアナウンスもインバウンドが増え始め、日本語の次に英語、中国語、韓国語になる。最近では東海道新幹線では乗務員がリアルの英語アナウンスをするようになっている。インバウンドがいかに日常になったかがわかる。

出張先の地方の写真も時系列でみると、確実にその変化を知ることができる。インバウンドに町が動き出したのはこの時期からか、とか、逆に商店街がなくなったのはこの時期からか、などが観察できるのだ。

時系列で物事を見ると、サイクルとトレンドを知る情報がたくさんある。上記は時間が経過した後では誰もがわかることだが、継続的に見ることで半歩先を行くことができる。

とにかくたくさん風を感じることだ。

日本テレビ系列の「秘密のケンミンＳＨＯＷ極」は私のお気に入りのテレビ番組で、画面に向かっていつも「ここ行ったことある！ これ食べたことある！」と叫んでいる。毎週の番組が長年にわたり成立するように、地方は自然や風土、食、言葉、歴史財産など豊かな顔をたくさん持っている。きちんと経験してみると、よいも悪いもきちんとわかる。

かつて、宿泊の出張が多くなり、小さかった娘に「また来てね」と言われたときは、父親としてかなり凹んだが、この経験こそが自分にとって最大の情報源であり、そこで得た感性こそがストロングポイントだと、いつしか感じ始めた。

鬼の顔

全国の経営者の方々とは、かなりの古い長いお付き合いになってくると、ときどき本音も飛び出す。私がけっこう困惑する会食時の話題が、親子問題が酒の肴にされるときだ。

旧知の会長と息子さんの社長と同席している機会に、突然会長が「息子は出来が悪い。従業員にいい顔をして、リストラなど厳しいことには躊躇してしまう。孫はかわいいうえに、出来がいいんだよ、息子には金を残さなくてもいいんだけど、矢嶋さん、孫に金を残す方法はないかねえ？　税金がかからないといいんだが……」などという相談がある。最も回答に困るシチュエーションである。かなり質の悪い冗談だと信じたいが、真顔で言われると、息子の社長さんに視線を向けると顔は笑われているが目は笑っていない。せっかくのお酒も本当にまずくなってしまう。

困る会食もあるが、私が最も大事にしているのは、時代の変化の中で経営者のお考えがどう変わっているのか、それをポロっとおっしゃっていただける会食である。

1998年、日本がデフレに突入しようとしていたとき、私は不思議なものを感じた。当時は、97年の消費税引き上げ、その後のアジア通貨危機、日本の金融危機で日本経済はどん底に向かい、物がまったく売れない時代に突入した。そんな中で、フリースで一世を風靡し、日本を席巻したユニクロにちなんで「ユニクロ現象」といわれる流れが起きた。海外生産などにより「低価格革命」を起こし、量販店に脅威を与え、カジュアルゾーンの価格帯を一気に下げさせる手法であった。このとき多くの経営者が「このやり方は、日本のものづくりをダメにする」「製品に日本の技術や魂が入っていない。こんなやり方は間違っている」と言っていた。

しかしである。しばらくして多くの方が「ゴルフ用にユニクロのフリースを色ちがいで買ったよ！　安くて軽くていいよねえ！」と、消費者としてユニクロ現象を喜んでいた。今から思えば、戦後初めて日本がデフレになったことを象徴する考え方の変化だったと思う。

あれから20年くらいの間に、日本もなんとかデフレから脱却し、雇用所得環境も大きく改善したようにみえる。有効求人倍率も1倍を超え、いろいろな業界で人手不足が叫ばれた。その動きに敏感な経営者は「鬼の顔」のお話を冗談っぽくされた。

デフレの時代、多くの経営者は鬼の形相でリストラをした。そのために合理化モデルはみな同じになり、多様性を失わせる。そのことがさらに安売り競争に拍車をかけ、雇用調整・人件費抑制につながるという負の循環をつくり出した。雇用者は解雇されるよりも賃下げを受け入れてきた。結果、日本の賃金水準はいつの間にか経済協力開発機構（OECD）の中で相当下位になってしまった。平均賃金は先進諸国と1・5倍前後の開きがあり、国内総生産（GDP）でもかつて15％程度だった日本の比率は6％程度に下がってしまった。労使ともに小さく縮むことでデフレを生き延びてきた。

一転、デフレが解消された後、新たな収益をどう生むのか、新しい収益の芽をどう育てるのかが課題になっている。「今まで削れ、削れと言ってきた顔で新しい投資をしろ、新しいビジネスを生めとは、言えないよねえ」「なぜできないんだと怒っていた怖い顔で、褒めることは無理かなあ」「鬼の顔が、突然仏の顔にはなれない。そろそろ息子に事業を渡して、顔を変えるかなあ」と、経営者の考えは変化した。

経営のプライオリティーが明確に変わったことを経営者は肌感覚でわかっているが、どう実行したらよいのか悩んでいることを私は察知した。あれだけ息子はダメだと言っていた会長も、あるときから「息子は私の反面教師で、社員にニコニコできる。息子を否定してきたが、いまの時代の経営者は私ではない」と言う。

新型コロナが日本で広がり始めた2020年の春頃は、とにかくコロナに関する情報が足りず、この先の事業計画をつくれないという悲痛な声をたくさん聴いた。まだそれほどＺＯＯＭ会議が広がっていない初期の段階に、山陰の80歳を超える会長から突然ＺＯＯＭがつながれ「情報がとにかくなさすぎる。でも何とかするぞ。矢嶋の言うことを聞かないで内部留保を貯めておいてよかったわ」と皮肉を言われた。

こんな大変な状況で皮肉を言える会長の懐の深さにもびっくりしたが、それ以上に会長の変わりように度肝を抜かれた。その会長はコロナ前までガラ携《ケー》のみを使い、いつも連絡は電話だけで、メールすらなかった。なのにコロナが起こって2カ月後には、ＺＯＯＭで情報収集をご自身で始めた。その時の言葉が「コロナは何もかも変える。この変化についていかなきゃ会社はつぶれる。自分が率先してやらないでどうする」だった。会長は、お年もお年なので、もう変化しない人だと私は勝手に思っていたが、誰よりも身軽に変身した80歳だった。

デフレは過去を見て進む。インフレは将来を見て進むと比喩される。コロナで大きく価値観の変化が社会全体に起こっている。ワクチン接種が進み日本でも免疫獲得となった頃には、経営者はまた別の顔を見せることになる。

１９９８年の大ヒット映画「踊る大捜査線 ＴＨＥ ＭＯＶＩＥ」で織田裕二扮する青島刑事は「事件は会議室で起きてるんじゃない！ 現場で起きてるんだ！」と叫んだ。経済変化は机の上で起きているのではなく、ミクロの現場でドラスティックに起きている。

企業の経営者はなんと豊かな顔を持つのか。２０１０年代になると自分の関心がマクロ経済から地方へ、そして企業経営などのミクロ領域へと移ってきた。長年出演しているＢＳ12「マーケットアナライズ・プラス」で私を「日本全土を駆け回り、マクロ経済の変化を探るアクティブなエコノミスト」と紹介くださるのが、自分にはなぜかしっくりくる。ただし、現在の関心は「マクロ経済」ではないのだが。

「書かない殿下」の逆張り戦略

「足で稼げ」。エコノミスト業務を始めた1995年に上司からよく言われた言葉だ。90年代後半から2000年代前半は、まだ役所などの発表資料は「インターネットで情報をとる」ことはほとんどできなかった。発表される資料を役所、東証などに行って企業の決算資料を入手した。一次情報を入手し、それを数表にまとめてレポートで発信するだけで価値があった。だからこそオフィスは東京のど真ん中にあればあるほど、より早く情報を足で稼ぐことができ、それが価値の源泉だった。

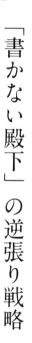

その後インターネットが急速に普及し、情報公開のウェーブが一気に起こった。一次情報の価値は大きく低下。こうなるとエコノミストの付加価値は分析力が主戦場になった。

しかし、これも長くは続かなかった。2000年過ぎからは、パソコンに推計パッケージソフトをインストールしさえすれば、クリック一つで誰でも簡単に推計ができる時代に突入した。統計処理なども決定的な差別化とはならなくなった。現時点で差別化ができているのは、ほかの人が入手できないビックデータを入手できる人たちや、あふれる情報の中で真実を選び、ストーリー化できる分析力を持つ、数は少ないが真に価値のある、本当に力のあるエコノミストだけだ。

「差別化」は、言うのは簡単だが、実際はシビアである。よく、人は自分ができないことを他人が成し遂げると「感動した」という。自分ができそうなことは、他人が成功しても「すごい」という。この感動とすごいの間には、天と地ほどの距離がある。

２０１３年、上智の竹田陽介先生とそれまでの共同研究を一冊の本にまとめたことは前にも書いた。竹田先生との金融政策に関する研究は有意義だったが、同時に先生のパワーを見せつけられ、自分の経済や金融についての基礎的な勉強が不足していることを思い知った。この先、自分がエコノミストとしてやっていくときには、竹田先生のような経済理論の専門家と肩を並べようとすれば、到底勝負にならないというあきらめもついた。

では、デジタル化で誰でもエコノミストになれる時代がすぐそこまで来ているときに、海外経験もなく、経済の博士課程のトレーニングもしたことがない自分にはどのようなストロングポイントがあるのか。ＡＩも含め、私の代わりはいくらでもいる、自分がこの先どんな差別化ができるのか、悩んだ。

ＩＴ環境が整うと、レポートを執筆し、顧客やマスコミ、一般にオープンにするコストはゼロに近くなる。いままで以上に多くのレポートがエコノミストから提出され、急激にそのレベルも上昇した。私は書くことが苦手だったので、どうもこの「レポート大作戦」の路線が嫌でしょうがなかった。

入社当時の上司には、本当に根気強く丁寧に拙文を添削していただいた。最初ショックだったのは、すべての私の文章が赤ペンで修正されていて、黒く残っていた部分は、各文章のところどころの主語と述語だけだった。いくら理系出身で、作文は得意とは言えなくても、これはあまりにもひどい。妻にも結婚当初に書いた文章を見せると、「何について書いてあるの？　何が言いたいの？　あなたの文章読むと頭がこんがらがるからいやだ」とよく言われ、本当にみじめな思いになった。この程度の文章力では、到底、経済を専門にしてきたほかのエコノミストに太刀打ちできない。そこで私は、皆の主戦場から退散する戦略をとった。「今日からここが自分の死に場所だ」――。それが講演会であり、テレビという生プレゼンの場である。そう思った日、体中のどこからか、武者震いと得体の知れない緊張感が漲ってきた。

同業の知り合いからは、からかい半分で、「本当に矢嶋さんはレポートを書かないね。書かない殿下」と皮肉られるが、少し複雑である。レポートを書かないことは、私にとってそれは戦略であり、レポートを書いていないという認識があるということは、その戦略は成功していることにほかならないが、レポートを書けるならそこで勝負したかったという後ろめたさもあるからだ。

講演で説明する資料にはかなりこだわった。人とちがうことをしなければ認知もされないし、評価もされない。資料でこだわったのは、できるだけ1ページ1枚の図表でできるだけ言葉を書かないことを徹底する戦術だ。極論すれば資料を見ただけでは、ストーリーや結論がわからない。また実際の講演ではページをどんどん飛ばしたり、後ろにいったり前にいったり、とにかく聴講者に手を動かしてもらい、強制的に聴講者を寝させない。GDPやCPIなどの数値は極力使わないようにした。いま起こっている出来事を身近な例でとにかく説明し、自分は現状をどう考え、この先どうなるかシナリオを提示した。

前にも触れたが、テレビの解説やコメントで特に気をつけているのは、「可能性がある」といった曖昧ワードである。世の中には可能性ゼロのモノはほとんどない。可能性があるという説明では起こるのか起こらないのか、何を言っているかわからないと感じているからだ。

ただ、この「曖昧ワード排除作戦」は一方で、私が予想したシナリオが外れることも多々あることも覚悟しておかないといけない。言い切りということは、完全に外れるということがあるが、ここで勝負すると決めたからには、間違ったときには全力でお詫びする。この潔さも自分の「ウリ」にしようと思った。テレビ出演のときに、自分の中の「自分」が、

「可能性」という言葉を私がつい発しようとすると、かなり厳しい顔をしてくるのは、「ここがお前の生命線だろ?」と強く警告してくるからだ。

ストーリーをつくるということは、分析はもとより、政策に落とし込んだとき、その可能性のあるなしを決めないといけない。だからこそものすごく人に会って話をうかがった。また、マスコミで言えば、その中のいくつかのシナリオは、特ダネ級である可能性がある(おっと、また自分の中の「自分」に叱られる)。だから新聞や雑誌、テレビを読みまくり、力のある記者や担当者を見抜く力をつけた。

私はマスコミ情報が大好きである。テレビは1日数時間録画し、それを翌朝倍速でとにかく見まくった。毎朝、新聞も数紙片っ端から読み漁った。出張で新幹線に乗るときは、雑誌や資料を持ち込み、とにかく目を通し、気になるものは破りまくり、ストックしまくった。

皆がみる一次情報は、それほど差異はない。その一次情報から繰り出される、まったくちがうストーリー展開をその中から探求した。またその論理展開できる人をあらゆる専門領域でマークした。その中で経済と安全保障、経済と政治など複数の領域でキーパーソンになる人をウォッチすることを心掛けた。

半年に一回はそれまで集めたデータや資料をすべて取捨選択し、不要なものは極力廃棄した(野口悠紀雄教授の『超整理法』)。過去につくったシナリオに固執しないためである。

新たに集めた一次情報で一からシナリオをつくる作業を定期的に行った。過去に縛られシナリオを外すことほど最大の悪癖はない。

「ほら、あの人」は会話の中で最近多くなってきた言葉だ。顔は思い出せるけど名前がどうしても出てこない。そこで名刺ソフトに、過去すべていただいた名刺を読み込ませた。お名前を見ても顔は思い出せない。

逆も真なり。私が過去お会いできた方の中で私の記憶は薄い。せっかく地方に行き「足で稼いだ」チャンスなんだから、お会いした時に何らかの記憶をインプットしないといけない。それが私の方言であってもいいし、一番うれしいのはプレゼンテーションの内容であったら最高だ。

長いお付き合いをしている経営者の方と飲みに行ったときに、「私の一番の記憶はなんですか？」と尋ねたら、地元で飲んで、その方が酔いつぶれてしまった時に「おぶってお店のある2階から階段を降りてくれたこと」とお答えいただいた。やはり私のエコノミストとしての真骨頂は、入社当時教えてもらった「足で稼ぐ」であるようだ。

デジタル「やるやる詐欺」

猫も杓子もデジタル、デジタルである。ＤＸ（Digital Transformation）がバズワードになっている。ほんの10年ほど前には、「矢嶋さん、わが社もデジタル化に舵を切ったよ」と中小企業の社長が言ってくる。何をされたんですかとお聞きすると、「会社にある紙ベースの財務データをエクセルに打ち込んだ」と言う。私は笑うに笑えず、沈黙してしまったことがあった。企業も何か動かないといけないという問題意識はあったが、何をしたらよいのかわからなかったようだ。

最近では、コロナもあり顧客接点でデジタルが必要だとの認識が広がる中で「ＩＴとＤＸってなにがちがうの？」という質問をたくさん受けた。私はＩＴ化の延長線上にＤＸはないと思っている。わかりやすく説明するために、いつも昆虫の例を出す。

「トランスフォーメーション（Transformation）」は昆虫などの変態を示す。ミツバチ、甲虫、ハエなど既知の昆虫のうち実に75％が完全変態する。卵、幼虫、さなぎ、成虫の四つの段階で完全に別のかたちになり成長していく。これと同じように「デジタルという手段を通じて、会社がまったく別ものになってしまうことですよ」と説明する。「それは考え方、商品の作り方、稼ぎ方、顧客との関係、人事評価などあらゆる面で過去には戻れない。まずその覚悟や必要性が御社にはありますか？」と逆に質問をするようにしてきた。

デジタル化のパワーはすさまじい。世界の時価総額ランキングは米中のデジタル企業が独占している。その企業は最高益を上げ続けている。デジタル化の力が安全保障領域まで大きく影響するようになり、米中の覇権争いで重要な分野になっている。

たしかに光が強い分、影も多い。プラットフォーマーの独占や格差拡大、分断などさまざまな問題を引き起こしている。一方日本では、デジタル化の必要性はかなり前から叫ばれているが、正直「やるやる詐欺」が横行していると感じる。

日本の行政、企業内組織は基本的には縦型である。そして供給者主導の経済メカニズムが強固に構築されている。デジタル化は横型かつ消費者主導を可能とするだけに、既存の利益の中で会社や人事のポストをつくった人にとって厄介になる。

また、行政もいままで重要な役所やポストが情報を独占できた。しかしデジタル化が省庁全体で起これば情報はフラット化され、特定の組織や人だけが握る特権ではなくなる。

私は、日本は社会全体ではＤＸに対する理解がまだ十分ではないと感じる。その一方で、わかっている人が自分の飯のタネをなくさないために「やるやる詐欺」を横行させていると感じている。

ＤＸで成果を上げている企業は、世界でもわずか数パーセントにすぎない。たしかに、日本のすべての企業がＤＸという昆虫の完全変態をするわけではない。しかし、日本では明らかにやらなければいけない組織や会社でなかなか重い腰を上げようとしない「やるやる詐欺」の状態がずっと続いている。

２０１０年代に、経済政策の考え方はそれまでの新自由主義、金融政策万能論から大きく変化してきたが、これにデジタルという社会インフラが加わって、そもそも政策でやれることとやれないこと、効果がまったく真逆に出ることなども生じている。エコノミストとして、日本をよくするための政策としてデジタル化の推進は最重要課題だ、と訴え続けよう。しかし、多くの決定権を有するポストの人にデジタルオンチが多いこと、その反対にデジタルをよくわかっている人はデジタル化推進によって自分の利益を減じさせることがないように推進化への全力投球を避ける傾向があることが、とてもやっかいだ。

環境対応というブラックホール

先日、新潟の実家に帰って「スノトレ」という懐かしいものを見つけた。スノートレッキングシューズの略で、雪国の冬の定番の靴だ。長靴はたしかに完全防水だが、薄くて寒い。その上長距離は歩きにくい。ハイカットのバスケットシューズのような形態をしていて、内側部分には保温性に優れた起毛素材を使用し、防寒対策に加えて、歩きやすさを追求している。よくこのスノトレで通学していた。

大学入試のため東京に行った時もスノトレを履いていった。その日に、東京で雪が降った。翌日の受験日当日、多くの受験生が雪で滑って転んでいた。私は心の中で「雪で滑って受験もすべるかあ」と笑って、雪国育ちに鼻高々で受験に挑んだが、自分がその試験に滑った。人のことを笑うと、罰が当たるんだなあと、本当に嫌になった。

大学から東京で暮らすようになり、実家に帰省した時には何回か地元のスキー場にも行ったが、その頃からあまり雪が降らなくなった。標高が低いスキー場では積雪がなくオープンできない年もどんどん増えてきた。最近では実家の雪下ろしのために帰省することもない。

雪がほとんど降らなくなったのが温暖化のせいだとしたら、自然環境は急激に恐ろしく変わったのだと感じる。平均気温が産業革命前から4・8℃上昇すると、海面は2100年に84㎝上昇する。海水面1m上昇で日本の砂浜の9割が消滅するという。温暖化は私たちの身の周りの自然が破壊されるだけでなく、それによって支えられている私たちの生活にも大きく影響が及ぶ。

世界各国がカーボンニュートラル宣言をし、脱炭素実現へ号砲が鳴らされた。環境に配慮しない国や企業はその存在意義を疑われるほど、世界の空気が一気に変わった。ESGという制度も導入され、何か環境配慮という「絶対神」が世界に出現したようである。

スウェーデンの環境活動家・グレタ・トゥーンベリさんは、まだ20歳にもなっていないにもかかわらず、世界中の大人に対して「次世代の人々に対して無責任だ」と激しい非難を浴びせている。果たしてどれだけの大人経営者や政治リーダーが、この訴えに応え得るアイデアを捻出できるのだろうか。

日本が宣言した2050年カーボンニュートラルは、1970年代から30年程度で行ったエネルギー効率の改善を超える必要がある。昔のように煙がモクモクのような状況であれば、その煙を減らすことで効率化も図れただろうが、現在の日本では空を見上げても煙はない。新しい生活様式や価値観、なによりもイノベーションがいたるところに起きないと難しい。各国でデジタルと並んで環境が成長戦略だと言われるのはこのためである。

ただし、やり方が変わるときは大きな国や産業での競争順位が変わることを意味する。各国とも環境で勝ち抜くために、イノベーションを起こすための政策を行っているし、外交の場ではルール形成に向けて多数派戦略が開始されている。

環境問題は国、企業、家計にとってコストがかかる。この分野できっちりと世界で勝ち組になり、ルール形成で有利にならなければ、このコストは回収できない。つまり成長戦略ではなく、制約要因になるということである。

日本の生存確率を上げるためにも温暖化など環境配慮は必要である。しかし、環境を守るというきれいな取り組みの裏側には、えげつない環境覇権争いの権謀術数がすでに渦巻いている。

触らぬ神に祟りなし

講演で米中覇権を説明するときに、私は好んでドラえもんを例に挙げる。世界王者の米国（この話中ではこう表記）がジャイアンである。そこに新しく覇権を狙う若い中国ジャイアンが現れ、実力をつけてきている。日本はスネ夫である。私は眼鏡をかけていて目が細いのでスネ夫とお客様に言われることもあるが、似ているから仕方ないが、このキャラクターはあまり好きではない。せめてのび太くらいにしてくれないかなあと、いつも思っている。

スネ夫は隣町に住む米国ジャイアンと幼稚園からの幼馴染で、同じ小学校で同じ野球チームにいる。米国ジャイアンは四番でピッチャーである。

一方で中国ジャイアンはスネ夫の1つ年下だが、お隣さんである。聞けばおじいちゃんやおばあちゃんは昔から家族ぐるみで付き合いをしている。中国ジャイアンは幼少の頃はお父さんの転勤でこの街を離れていたが、いまは戻り、親子三代で暮らしている。最近急に身長も伸び、スネ夫の背丈をあっと言う間に抜いてしまった。

スネ夫にとって厄介なのは、学校や野球チームではいままでのように米国ジャイアンとうまくやろうとは思っているが、隣に住む中国ジャイアンは、体格もがっしりしてきたこともあり、同じ野球チームでエースの座を狙っていることだ。最近、なにかと学校で米国ジャイアンと喧嘩をするようになっている。

スネ夫の家族からは、お隣さんなのだから、ちゃんと中国ジャイアンの面倒も見てあげないといけないよと言われている。だが、米国ジャイアンとの古くからの付き合いもあるし、現実問題としていきなりエースの座にお隣さんを推挙することはできない。スネ夫はいつも頭が痛い。さて皆さん、こんなときどうしますか？　というふうに話を進めるのだ。


米中の覇権争いは、新しい局面に突入した。過去オバマ政権までの融和姿勢の対中政策は失敗した。現在米国は中国の価値観や人権政策をいっさい認めず、経済でも絶対に負けないことを公言し始めた。一方の中国も米国の安全保障、繁栄、価値観に挑戦している。もうこの戦いは止まらない。

日本も米国と中国の二つの大国の間でバランスを取ることには変わりがないが、少しずつ中国との距離感が開く流れになってきている。

私は10年以上、恵比寿にある航空自衛隊幹部学校で講師をしている。内容は日本経済と銘打って、その現状を話してきた。日本の企業や家計の一般的な姿を説明し、その中で特に公的部門の特殊性を強調している。民間企業は決算を重要視する。そこで効率性をきちんと考え、事業のよし悪しを評価する。しかし、国は予算を重視し、前年度比の増減がどうなっているかで、評価が行われる。

たしかに国にも決算という制度はあるが、一つひとつの事業のパフォーマンスの評価がなされているわけではなく、漠然と、どうやって効率性を上げていくのかについて、エビデンスがないことを力説する。

講義の後半は質問を受けるが、受講者の多くも、どうやったら制度をよりよいものにできるのか、とても真剣なディスカッションができる。私はこの講座を毎年楽しみにしている。自分自身がまったく知らない防衛の世界の姿と情報を、受講生を通じて知ることができ、実際の雰囲気を体感できるからだ。

受講生と航空自衛隊が1年間で使う燃料費をもっと増額すべきなのか、それとも無駄が多いのかの議論をしていた時と記憶しているが、受講者から日本の航空自衛隊の1年間のスクランブルの数を聞き、その多さにびっくりした。私の頭では燃料費がこんなにいるのかと思っていたが、防衛とは相手国あっての話であり、単純に効率だけの話では括れないことを思い知らされた。日本の国土は世界61位、世界の面積の中で日本の占める割合はたったの0・25%にすぎない。しかし、日本の領海及び排他的経済水域の面積は世界第6位で、平時からこの全域が防衛対象となる。

この話を聞いてから、北海道に出張に行って千歳空港の周りで聞こえる自衛隊の飛行機の爆音が、いままではうるさいなあと思っていたのが、ご苦労様ですという気持ちになった。民間からみて大きな認識のギャップがあるのが安全保障の領域ではないだろうか。

マイケル・ピルズベリーの『China 2049』を防衛関係の方から紹介いただき、2015年に読んだ。まさにここで書かれていた展開がいま、米中の間で起こっている。過去、米国は、覇権争いのライバルとなりそうな国を徹底的に叩いてきた。安全保障分野ではソ連と激突、ソ連の社会体制を壊しロシアを誕生させた。経済分野でターゲットとなったのが日本である。貿易摩擦で自動車などの日本の産業を徹底的に責めつけてきた。

今世紀のターゲットは経済でも安全保障でもライバルとなってきた中国である。米国は経済面では、GDP水準で2020年後半には中国に抜かれるとの予想もたくさんでてきた。軍事面でも中国はすさまじいスピードで軍拡を進めている。当分の間、陸海空では米国やや有利は続くだろうが、デジタルや宇宙の分野では中国が先行している部分も出てきた。

月の裏側に人工衛星を最初に着陸させたのが中国だった。月の裏側は特異点で、地球からのコントロールが難しい。一回そこに基幹設備を設置してしまうと、そのあと月の裏に人工衛星を飛ばそうとするほかの国は、中国のサポートがないと裏へ回れなくなるのだ。月は宇宙開発のスタート地点であるし、多くの資源が手つかずのまま存在している。中国による月の実効支配が進むことは米国にとって由々しき事態だ。だからこそトランプ政権が「宇宙軍」構想を言い出したのだ。

また、衛星の分野では、量子人工衛星の実験を世界最初に行ったのも中国だ。量子は次世代の技術である。もし量子コンピューターも稼働することとなれば、映画「マトリックス」の世界が実現する。量子の力でペンタゴンに侵入し、すべてのデータを手にして量子人工衛星で自国に持ち帰れる。米国は侵入されたこと、盗まれたことに気づくこともない。

経済の連立方程式を解くときに、前提条件となるものの影響が大きくなっている。デジタルやESGなどの制度が絡むものや、米中対立といった安全保障領域などである。エコノミストとしては純粋に経済を論じることができない時代に突入したことを覚悟せざるを得ない。企業経営者は、安全保障と言えば「それは政治の世界」「触らぬ神に祟りなし」的に思考停止になりがちだったが、米中覇権争いが激化する中で、今後は経済と安全保障の両者を分けることができない。

ドラえもんのポケットの中に、二人のジャイアンがうまくやっていけるアイテムがあればよいのだが、見当たらない。ドラえもんの映画シリーズなら、地球に侵略する宇宙人などみんなの共通の敵が現れて、いつも喧嘩ばかりしている主人公が一致団結する。悪者をやっつけて、ハッピーエンドになる。

しかし、現実には、二人のジャイアンの共通の敵は現れそうになく、いがみ合いは今後ますます激しくなるだろう。スネ夫はどうやってこの先立ち回っていけばよいのか、「この問題は難しい」で思考を停止させるだけでは済まされない。国は方向性や戦略を決め切らないといけない。企業にとっては国が決めた領域の中でしか活動できない問題になっている。

いままでは効率性が最優先されたが、これからはコストが上がっても安全安心への見直しが入るはずだ。それは日本、日本企業にとってこれまで世界から「ガラパゴス」とネガティブイメージとなっていた日本式が再評価されるという新しい風が吹くことにもつながる。

第4章 明日の風向き

負けに不思議の負けなし

私はカラオケをしない。若い時はときどき行ったが、どうもカラオケをすると2、3日のどがつぶれてしまい、講演やテレビ出演などメインの仕事に大きな支障が出てしまうのだ。

とはいえ、たまに夜のランニング中に、周りに人がいないと思うと、走りながら歌うことがある。ランニングの歩調とまったく合わないが、テレサ・テン「時の流れに身をまかせ」などを熱唱する。かなりの音痴である。

ランニングのあと、シャワーを浴び、録画していたお笑い番組を見終わると、NY市場がスタートする。この動きを見ると翌日の東京市場の動きはだいたい予想できる。

これは金融市場だけでなく経済も同じだ。日本は金融市場、経済の循環はアメリカ主導で動く。ここ10年はアメリカと中国の景気サイクルを見ていると、日本企業の業績や日本経済の方向性をある程度占える。アメリカの金融市場や経済を熟知していれば、日本の金融市場や経済のサイクル予測は、お叱りを受けるのを覚悟で言えば、簡単である。

問題になるのは、振幅の大きさが日米で大きく異なることだ。これは日米とも同じである。株価は景気に先行し、景気後退の少し前から下落し、景気回復前から上がる。だが、アメリカは景気回復が確実な基調になると、その前の景気回復局面の高値を抜いてくる。一方で、日本は必ずしもそうなってはいない。これは成長率もしかりである。日本のサイクルは主に米中の海外の動向で決まるのだが、トレンド（ざっくり言えば、「これまでの流れから予測する今後の先行き」）は日本の持つ潜在力に依存する。

日本の中には一部でいまだ「日本すごい論」を展開する人もいるが、トレンドが上向くと思っている人は少ない。

日本のいまの生活はどうしても息苦しさを感じる。その息苦しさは理念や戦略がわからない、先行きが見えないところにある。日本は過去にとらわれすぎた因習にがんじがらめになっているがゆえに、ある考え方を乗り越えることができない。

ある考え方とは、たとえばアメリカに次いで2位だったとか、終身雇用・企業内労組・年功序列の「三種の神器」があるから盤石だ、などである。すでに過ぎ去った、このような考え方にいまだ縛りつけられたまま、現況を素直に認められないでいる。蓮舫議員の

「2位じゃだめですか？」ではないが、頑張って頑張って、なぜ世界の1位でないといけないのか、世界200カ国、OECD加盟国の上位10％にいればよいのではないか。人口減少・老いる国が世界のトップにあり続けられるという目標自体が崩壊している。

2020年の世界人口は約77億人で、2050年までの30年間でさらに最大24億人増え、100億人超えとなる。先進国で人口が増加するのはアメリカ、イギリス、フランス、カナダという見込みだ。日本も多くのヨーロッパの国々も人口は縮小する。GDPに関して言えば、多くの分析結果では中国がトップ、次いで僅差でアメリカとなる。インド、ロシア、ブラジルが影響力を強めるとされており、現在の勢力地図とはかなり異なってくる。日本は経済規模が世界の中でかなり大きく低下していく。

オランダ、スペイン、北欧などの国は日本のようにキリキリしていない。アメリカに肩を並べなくても、なぜわれわれはキリキリしていない国のようにふるまえないのか。尊敬される国になればよいのではないか。歴史をひもとけば、オランダやポルトガル、スペインは、かつて世界を股にかけて海洋躍進した、まぎれもない「大国」だったのだ。アルゼンチンも、100年前は堂々たる「大国」だった。

イギリスやフランスは日本よりも経済が小さいが、イギリスは政治的な駆け引き、フランスも自己主張をすることで地位を獲得している。なぜ日本だけがここまでピリピリして、将来はヤバいぞ、という不安ばかりが先立っているのか。日本には伝統・歴史・文化がある。目標設定を誤り、それをもとに将来の戦略を立てているから話がおかしくなり、息苦しいのではないか。

理念なき巨大組織（戦艦バカロン）では、ことはうまく運ばない。チームで理念を共有し、勝つための戦略を共有化することが日本のリスタートで大事なことだ。気合いだ！頑張れ！　と戦略もなく精神論ばかりがなり立てるのは無責任である。同じ方向を向けばチームは機能する。

サッカーのチームにはいろいろなカラーがある。点が取れるスター選手を集め、とにかく点を取りまくる。多少失点しようが試合中にそれを上回る得点をあげる超攻撃型もあれば、守備を固めて相手に得点をさせないゲーム展開を行い、少ないチャンスを、カウンターを狙って僅差で勝ち、最悪でも引き分けに持ち込む戦略をとるチームも多い。強いチームはその戦略が徹底され、選手はもちろん、スタッフも、またサポーターもチームの勝ち方を理解している。１００個チームがあったら一つとして同じ戦法のチームはない。どんなすごい選手を集めても、戦略が統一されていなければ内部から崩壊する。

日本の中小企業の中で儲かっている経営者は、なかなか儲かっていると口を割らない。だが、長い付き合いの中で、どうして儲かっているかについて、ときどきポロリと口を突いて本音を漏らすときがある。

その理由を聞いていつも思うのは、やはり、勝ちには明確な理由があるということだ。「勝ちに不思議の勝ちあり、負けに不思議の負けなし」――肥前国第9代平戸藩主、松浦静山の言葉で、名監督だった故・野村克也氏の座右の銘としても有名である。野村監督は徹底したデータ分析で全体を俯瞰しながらもその中に普遍性を見出し、これぞという勝ちのパターンを見つけ出し、戦略を徹底して実行していた。

負けた経営者は、負けを正当化したいから、みんなが納得するような「マクロの理由」を言う。たとえば地方衰退、高齢化、海外との競争などである。経営のせいではなく時代や環境が悪かったんだよという、同情の世界である。

われわれエコノミストの「マクロの領域」では、ある程度負けの説明はできるが、勝ちの説明はできない。規制緩和を起こせとか、有望な産業に資源を集中すべきとか抽象論は展開できたとしても、ミクロの展開にはついていけない。

勝ち企業は勝ちパターンを会社として徹底的にやり尽くす。会社の戦略が決まれば個人は必ずやり切る。1年延期されたオリンピックが、やはりやると決定された時に、8月のあの炎天下の中でマラソンなどの競技を行えるのか、また観客が熱いアスファルトの上で応援できるのかなどが議論になった。同期のメーカーの友達とそのとき、絶対に日本は「熱くならない道路をつくる」と、妙に意見が一致したことを覚えている。

目標が決まり戦略が決まれば、その組織にはNHK「プロジェクトX――挑戦者たち」の音楽が流れる。「あの時、局面が動いた。対立していたA氏とB氏が肩を組んだ」というナレーションが流れるはずだ。人はうまくいかないと、時代や社会が悪いからと言い訳を始める。経済の分野では、日銀や財務省、経済産業省のせいにしたくなる。自分は悪くない、周りが悪いのだという展開だ。そうではなくて、目標を決め戦略をもう一度決めれば、日本のいたるところでプロジェクトXの音楽が流れ、日本に少し新しい風が吹くのだが。

「時の流れに身をまかせ」は名曲で大好きだが、今の日本に流されてはいけない。

人のためにに何かする

サザエさんの父・磯野波平氏は、かなりの年配に見えるが、54歳という設定だそうだ。2021年、私は53歳になる。昔と今では同じ年齢でも「老人」のイメージは異なるだろうが、私はいま、自分は確実に「初老」の域に入ったと感じている。

1990年代後半、自分が20代後半の頃、上司がいつもお昼を食べて小一時間もたたないうちに、こっくりを始める。私はよく「働かないで寝るなんて、ほんと爺さんだ」と思っていたが、現在その上司の年齢になり、昼食後の午後は本当に眠くなる。ときどき意識を失っていることもあり、実は周囲からすでに「爺さん」と呼ばれているのかもしれない。

若い頃はよく徹夜で麻雀をした。2日完徹もしたこともあったが、いまは寝ないなんてことはできない。老眼が入り始めて、細かい資料が読めない。油モノを食べすぎると胃が痛くなる。理由はわからないが、道を歩いているとつまずく。気持ちではまだまだ若いと思っているが、初老に突入している。

——この話をセミナーですると、高齢の聴講者からは、いまのうちからサプリを飲むことを薦められる。「飲まれている青汁の種類はなんですか？」とお聞きすると、覚えきれないほどの種類が挙がってくる。テレビのBSのCMには、ありとあらゆる健康食品やサプリが並ぶ。海外の知人に、CMを見て日本人はいったい何種類の健康食品を飲んでいるんだと驚かれたこともある。

たしかにあれだけの種類のCMが流れているんだから、相当消費されていることは間違いない。そういう私も毎日、二種類のサプリと高麗人参の粒を服用している。本当に効果があるかわからないが、勧めていただいた先輩を見ていると超人のように思えるので、きっと効いているのだろう。

その高齢者であっても、ご自身の介護や看取りについての議論になると、元気がなくなる方が多くなったように感じている。最近のアンケート調査では、子供は親の介護をしたくない、さらにパートナーの面倒も見たくないとの回答が急増している。この先単身認知症高齢者も急増するだろうと予想される。少子化や子供が近くにいない、子供との関係がうまくいっていないなどさまざまな事情があり、少なからず自分がそういう状態になったらどうしようかなあと、私自身、現実的な問題として考えるようになった。要介護者になっても、家族でなくても誰かとつながっていたい、そして最後は誰かに看取られたいというあたりまえの気持ちを実現できない社会は、歪んでいるとしか思えない。

一方で、デジタル化やＡＩなどの技術革新が介護分野にも出てきている。たとえばＩＣＴによる見守り機能や移動支援などだが、これらはもっと早く、広く実用化が定着すべきだ。

ただ、これから10年ほどで急増する単身認知症高齢者の全員を助けられるほどの広がりは、現在見せていない。人と人とで何とかするしかない部分が多い。体育館ほどのスペースに数百人の介護者を入れ、少人数の介護提供者で見回りをしている、というのが、ずばり、現状のイメージかもしれない。しかし、そんな社会は誰も望んでいないし、私もそのような状況下で面倒を見られるというシチュエーションは、絶対に避けたい。

私は、テニスのベテランの試合に出ている。ベテランの試合は５歳刻みで、下は35―40歳から、上はなんと80代のクラスが存在する。皆同じように３セットをこなす。先輩の試合を見ていると、炎天下の中、２時間にも及ぶ試合を粛々と戦っている。

元気な高齢者はたくさんいる。私も最近思うようになったが、人のために何かをしたいと思う人は多いはずだ。たとえば海外の経済学者などが以前提唱していた介護クーポンなどはどうだろうか。元気な高齢者は、非営利団体などを通じて買い物支援などをする。その支援をするとクーポンがもらえ、のちに自分が要介護者になったときには、地域でそのクーポンが使えるというような仕組みだ。２０１８年に農水省はその当時で８００万人以上がすでに買い物難民になっているとの試算を公表している。これからこの数値は急増するはずだ。

当然、認知症でも症状は個人個人で千差万別である。比較的軽い方には、地域で働くことや活躍する場を提供する。地域活動によりＮＰＯや企業が協力できる仕組みなど、広く薄くいろいろな参加者を地域に入れることを急がないといけない。私だって買い物支援もできるだろうし、認知症予防のための健康マージャンのお相手だってできる。みんな一人ひとりができることはたくさんあるはずだ。友達や知り合いという新しい「家族」で助け合う共助を成立させよう。

そのためには気持ちを少し変えればよいと思いながら、私は特訓中だ。道路や駅でお困りの方に「何かお手伝いできますか？」と、勇気を出して言えればよいのだが、ジレンマがある。私はどうしても強面なので、そんないかつい顔の他人から突然声をかけられたら、萎縮したりおびえて逃げられたり断られたらどうしようとか、何もお役に立てなかったらどうしようとか、ついつい考えてしまって、一歩踏み出して行動に移せる場面がまだまだ少ないのだ。

コロナで「三密」回避が叫ばれた。これからの日本で必要なのはその逆だ。いたるところに密、密をつくる取り組みだ。ＩＴなどの技術が救ってくれる部分はあるが、一番の密は「心のつながり」をどれだけ一人の人が持てる社会をつくるかであろう。そのことが粘りのある強い社会をつくることにほかならない。この粘り強さがなければ社会保障制度はいくら金をつぎ込んでもまったく機能しない。

サザエさんのように家族だけでなく、お隣さんやお友達など登場人物をとにかく増やさないといけない。

隣の芝生が青いかどうかもわからない

「むかしむかしのことじゃった」。市原悦子のナレーションで始まる「まんが日本昔ばなし」。1975年から20年間つづいた長寿番組だ。この番組の終了と時を同じくして、日本では、日本銀行によるゼロ金利政策に突入し、そこから25年以上にわたりゼロ金利の世界が続いている。

この番組が21世紀に甦ったとすれば、「むかしむかし、10%もの金利を維持していた日本という国があったそうじゃ」——となるだろう。まあ、10%とはいかずとも、大昔の日本では、一部にそんな近似世界が実在していた。預金金利は市場の金利よりも低く設定されるが、郵便貯金の定額貯金3年以上の利回りは高度成長期が終わった直後の1974年時点で年利8%。80年代半ばにいったん利率は落ちたが、バブル経済が盛り上がった80年代末に再び跳ね上がり、90年には6%台まで戻した。しかし、90年後半以降、経済は一転して低迷。長らく低金利状態が続き、21世紀に入ると、金利はほぼゼロ近辺にとどまり続けることとなる。今や「金利」という言葉は、若者世代にとってはないに等しい。

貯めることが大好きな日本人が「金利」の次に見つけたのが、「ポイント」だ。日本はポイント天国である。上手に稼げる人にとってはパラダイスだ。この世界は今後ますます拡大するだろう。

数年前に、ポイントカードが財布に入らなくなり、そのほとんどを捨ててしまっていた。いまさらポイントを貯め直すのも、癪に障るので、お会計のとき店の人に「ポイント貯められますか?」と言われても「大丈夫です」といってポイントチャージを断っている。

ある民間企業の推計では日本のポイント総額は2019年で2兆円、一人当たり1・6万円に達するという。「ポイントを活用して生活する」ポイ活のハウツウ本が書店に並び、テレビの生活番組では達人が自身の生活でどれだけポイ活できているかを報じる。ポイント獲得の達人と私は、一生涯を通じるとどの程度の金額差が生じているのか。知ると後悔しそうなくらいの金額差になっているにちがいない。

近年では、「楽天経済圏」や「ドコモ経済圏」など企業名が付いたエコ経済圏がどんどん拡大している。楽天は楽天ポイント、ドコモはdポイントを流通させている。昔から家電量販店などではポイントが利用されてきた。今回購入の割引分をポイントとして貯めておき、次回以降、家電を購入するときに使えるというものだった。いまの経済圏はネット上のバーチャルな空間も含んでいて、ネット上のビジネスの経済規模が、リアルな社会の経済規模を越えてきていることが特徴である。

経済圏で利用されているポイントはあたかもお金（通貨）のような役割を果たし、家電だけでなくエコ経済圏で販売されるあらゆる商品サービスの購入が可能になっている。店舗に行かなくたって、携帯のボタンを「ポチッ」と押すだけで購入が終わり、後は配送を待つだけである。

コロナ禍で一人当たり10万円の現金給付が行われた。この資金が現物経済を回すための消費にではなく、ネット証券投資に向かい、証券残高が急増した。市場の活性化に貢献した「消費財購入派」にしても、ただモノを買うのではなく、経済圏の中でまず10万円で消費財を購入し、そこでたまったポイントで投信を購入するという「業師」も増えたという。

この先、ポイントやサブスクモデルを通じて、エコ経済圏はどんどん顧客の囲い込みを強化してくる。経済圏で系列化が進み、顧客はそのエコ経済圏の中でポイントを貯め、その中で使う。ほかのエコ経済圏では貯めたポイントは使えないような動きが加速するはずだ。そうすることで、個人は特定のエコ経済圏の中でのみ消費を行うことになる。ある人は一つのみ、ある人は二、三のエコ経済圏に集中して、その他はほとんど使わない社会になっていく。

全日空と日航、どちらの航空機を使うかで、「マイレージ貯め」のため、出張族が二派にきれいに分かれた。いびつな選択ととれなくもない。

従来は同じ商品があったら、価格が安いところで購入したが、これからは自分のエコ経済圏のみで買い物を済ませ、ほかのエコ経済圏で、同じ商品が何円で売られているということが重要ではなくなってくる。

データ社会が進むにつれ、私たちも多くのデータや情報に簡単に接し、何でも便利に購入できるようになったはずだ。しかし、これがどんどん進むと逆に、私たちは遮断されたエコ経済圏を形成するという不思議な世界を創り出すことになる。隣の芝生が青いかどうかもわからない世界である。

「むかしむかしのことじゃった。日本では、お店で安売りが実施されると多くの消費者が列をなしたとさ」となるかもしれない。人がモノを買っている姿がほとんど見られない、そんな不思議な世界が誕生しそうである。

成果主義より評価主義

ユーチューブで、インバウンドで日本を訪れた外国人が驚くものはなにか、というインタビュー動画を見た。パチンコ店で日本人が整列して台に向かっている姿が「街なかにある工場で何をつくっているのか？」とのコメントが妙に面白かった。また吉野家などに入って牛丼を食べて、その値段が安くてびっくりといったのも、なるほどなあと感心する。

外国人が日本のどんなものに興味を示すのかは、われわれには予想がつかない。新潟の知り合いから、以前、連絡が入った。知り合いが作っている米菓を大量にほしいと、ある外国人が連絡してきたということだ。どうしてそれを知ったのかと聞いたら、旅館でウエルカム・スイーツとしてテーブルに置いてあったお菓子がそれだったのだそうだ。知り合いはこれだけベタ褒めされたことが、本当にうれしかった、と言っていた。

日本に来た外国人はその製品・サービスを購入する。やみつきになってもらえれば、帰国後もときどきほしくなるにちがいない。地方から輸出だってできる。今日、日本の商品の需要者は日本国内1億人ではなく、アジアだけでも40億人以上に拡大する。世界を見れば70億人もいる。もう一度、日本の評価を世界から受けることも可能になる。

戦後、日本は豊かになり、海外旅行に行くようになった。日本人は旅行先のフランスではワイン、イタリアでは生ハムといったように美味しいものを見つけては輸入し、気がつけば世界のありとあらゆるものが日本で購入できるようになった。これからは、この逆を起こさせればよい。

場所を言ってしまうと問題が起きそうなので控えるが、ある地銀の方との会食の際、「このあたりはそうめんが名物だ」と言われた。私が知るのは、播州素麺（兵庫県）、三輪素麺（奈良県）、小豆島（香川県）の「日本三大そうめん」で、その地のものは知らなかった。たしかにそれぞれの土地にはその地元の人が愛している名産がある。その地に訪ねてくる人がそれにアクセスしたら「よくご存じですね」と言って紹介して評価してもらえばよいと思うが、ごり押しはまったく意味がない。評価は消費者がするもので、インバウンドも増え、ネットで海外からどんどんアクセスが増える環境が整った。一回評価を受ければ口コミでイメージがどんどん広がる。

数年前ベトナムに行ったときに、ある現地の方から言われた。こちらではホンダのバイクが圧倒的に有名。だから「ホンダのバイク」は「ホンダのホンダ」と言うと。バイクの代名詞が「ホンダ」になってしまっているのだ。思わず笑ってしまった。イメージなんてそんなものだ。私たちだってフランスワインというけれど、現地に行ったらその種類は数え切れないほどある。「私はフランスワインが好きです」などとうっかり口を滑らせようものなら、「どこの？　ブルゴーニュ？　ボルドー？　ローニュ？　赤？　白？　何年のもの??」などと立て続けに問い詰められること間違いない。

日本経済、企業にとって、拡大を目指すなら海外との関係を強化するしかない。輸出であれインバウンドであれ、開放型になるという選択しかなく、海外の消費者に日本の製品・サービスをどれだけ購入してもらうかにかかっている。そのときに、これまでは自動車や電機、カメラや時計など高額なものにこだわりすぎてきたきらいがある。

日本の競争力は海外が評価してくれている、世界一厳しい消費者に育てられた、安くてもとてもおいしいものや、安くても品質が最高のサービスである。お金主義ではなく、消費者から評価されるものを誇りに思えばよいと思う。

ユーチューブの動画で吉野家の安さを驚く外国人ではないが、安くてよいものが、まだまだたくさん、手つかずのままである。いままで耐えたデフレの産物がこれから生きる。

関心があろうがなかろうが影響はわが身におよぶ

「私のことは嫌いでも、ＡＫＢのことは嫌いにならないでください」――。「ＡＫＢ48」の絶対的なエースのセンター・前田敦子の涙ながらの名言は、いま（２０２１年）を遡ること10年前、２０１１年の「第３回ＡＫＢ48選抜総選挙」の時だった。

私のようなオヤジでもこの言葉を記憶しているのは、私自身、その２０１１年よりも10年以上も前に、似たような言葉を言われた経験があったからだ。当時、私はまだ30歳そこそこの駆け出しエコノミストだった。

「矢嶋さんは私のことは嫌いでもいいから、政治にはこれからも関心を持ってほしい」――と、内心あまり好きではなかった政治家から言われたのだ。こちらがあまり好意を抱いていないのを見透かされたようで一瞬対応に戸惑い、ドギマギした。「政治に無関心でいられても、無影響では決していられない。国民が無関心だから、あんなむちゃくちゃな政治が成立するんだ」。この方のいう「むちゃくちゃ」とは、当時の政権与党のことを指す。当時、私はこの政治家の所属している野党の方針に、どうしても与することができなかった。おそらくその意見が合わないという顔が表に出ていたのだろう。事実、このとき私は、早くこのレクの時間が終わってくれないかなあとしか思っていなかった。

講演の際、年配者が多いときは政治ネタを話すと聴衆の関心が高い。逆に若い人が多いときには政治ネタは受けない。今年（2021年）から娘が選挙権を得たが、ご多分に漏れず、世間で一般に言われているように「政治なんかわからないし、興味なし。政治家も、誰に投票したって何も変わらないでしょ」と言っていた。

そういう私も政治に興味を持ち始めたのは30歳も半ばを過ぎた頃だったので、他人のことは言えない。ただ最近では「戦艦バカロン」を何としても変えたいという思いが日増しに募ってきている。そのためには若者の政治への関心を高めて「変化」を起こさないといけない、という危機意識が自分の中に生まれている。

若者人口が少ない上に、投票率は高齢者のほうが高い。20代の投票数は、60代の3分の1にすぎない。たとえば若者の1票が高齢者の3票分という大胆な選挙改革が実現すれば事態は相当変わるだろうが、シルバー民主主義を崩すのは難しい。それでも少しでも良くするためには、何かきっかけをつくり、若者が政治へ関心を抱くようにしなければならない。

若者世代も実は、学生時代にいくつかの選挙を経験しているはずだ。中学校、高校での生徒会長選挙では、立候補者の演説や推薦者の応援演説があり、立候補者は「この学校を魅力あるものに変えたい…」と熱い思いを語る。生徒は学校生活を送る「身近な環境」を少しでも変えようと投票する。先生方へのお願い。もっと身近な「選挙」や「政治」について、授業で取り上げてほしい。学生たち自身に、問題提起させて議論させてほしい。

18歳選挙権をきっかけに、若者にももっと「他人事《ひとごと》」ではなく「自分事《じぶんごと》」としての政治を意識させる「場」をつくることが大事だ。たとえば、学校生活を経て社会人になると、給与明細を手にする。給与明細には所得税、社会保険料、住民税など社会的負担が記載され、「額面」所得から引かれる。「損」した気分になる。誰のための何の負担なのか。給与明細項目を見せて、ここから考えさせてはどうか。おのずと自分たちの未来が見えてくるのではないだろうか。

若者の関心を一気に高めるようなウルトラCはない。少しずつでもシニア世代が責任をもって考えないといけないと思う。なぜといって、景気が悪くなれば相対的にシルバー世代の権利は守られる。政策のしわ寄せを若者が被ることになりやすい。

数年前、家族で香港に行き食事や買い物、観光などを楽しんだ。しかし、昨年（2020年）の中国共産党による香港の制圧は何事なのか。「民主派」議員を議会から排除し、選挙時も立候補を認めないなどは、暴挙を越えてもはや思想統制、専制独裁ではないか。共産党の意にそぐわないものは徹底して抹殺する——まさに自由・民主主義とは真逆の姿勢を示している。その傍若無人な弾圧ぶりを、テレビ画面を通して見たとき、一党独裁政治の恐ろしさとともに、おそらく今後もう二度と香港には行く気が起きないなあという悲しさに見舞われた。これまでの自分たちの「普通の生活」を政治が180度ひっくり返し、それまで考えていた将来を一瞬のうちに踏みにじるようなことが現実進行形で起これば、多くの香港人たちは、若者も含めて権利を守るため立ち上がるのは当然だ。

日本人に政治に無関心な人が多いことは、日本が幸せな状況にあり、不満は少ないからだと逆説的に考えることもできる。香港のようなことは日本では起きないと思うし起きてほしくもない。でも「政治に無関心でいても無影響ではいられない」し、政治の好き勝手にさせておいていい訳はない。

20年前にあの政治家に教えていただいたことは、今となっては大きな財産だ。あのとき嫌いだからといって嫌な顔をするのではなく、その考えや政策が自分は嫌だときちんと言ったほうがいいよと、今の自分は若かりし自分にやっとアドバイスできるようになった気がするが……。

消費税引き上げだけが財政再建の王道か

イソップ童話の「狼少年」――羊飼いの少年が退屈しのぎにいたずらで「狼が来るぞ」と嘘をつき村人が驚くさまを面白がる。それを何度も繰り返し信用されなくなり、本当に狼が現れた時には村人は助けには来てくれず、少年は狼に食べられてしまう。

1990年代後半から、日本では「財政版、狼少年」がずっと語り継がれてきた。日本の財政状況は先進国で最悪である。近い将来、日本の国債の暴落が発生しかねない、と、早期に消費税引き上げなどの財政再建を実行すべきとの声を上げる人を揶揄したフレーズだ。消費税引き上げは政治問題化し、日本国内で相当盛り上がることになった。

私は92年に社会人になってから、消費税引き上げを3回経験した。正直、導入時の3％から97年に2％引き上げられ、5％になったときは「(国が決めたことで) そうなんだあ、引き上げが起こるんだ」くらいの感想しかなかった。その後エコノミストの経験を積むうちに２０１４年の引き上げ、その後の引き上げ延期や２０１９年の引き上げの是非について、多くの分析や主張を行ってきた。

そんな中で私はエコノミストとして、２０１４年までは消費税の引き上げ賛成を主張していた。その後景気が悪くなり消費税引き上げが延期されることも仕方なし、と思ってきた。

だが、２０１９年の引き上げが実施された際には、日本の景気は右肩下がりの局面に入っているので国民への負担増は行わないほうがよいと、当時の安倍晋三首相に招かれた夕食会で主張した。

消費税は上げられる経済状況なら少しずつでも上げたほうがよいと思っている。しかし、この20年消費税引き上げ議論がワンフレーズ化され、ほかの財政再建の項目がないがしろにされているという危機感を強く感じている。人口減少、少子高齢化が進む中で、人口の歪みからくる財政は是正をしなければならない。社会保障でいえば給付削減であり、地方財政で言えばサービスの抑制である。しかし、削減や抑制といった本来やらなければいけないことをやらないツケを、すべて消費税引き上げでクリアしようという流れができている。これはおかしいのではないか。

２０１９年当時、よく質問をいただいた。「矢嶋さんは、消費税引き上げ反対だから、財政再建放棄でリフレ派ですか？」。消費税を引き上げようが引き上げまいが、重要なことは、「財政再建は人口の歪みを是正すべく、毎年きちんとやり続けないといけない」という大前提を忘れないことだ。どうも90年以降、消費税が政治問題になったこともあり、消費税だけに脚光が集まりすぎているように感じる。

日本は今後、急激な人口減少社会となる。経済の関係では一人当たり成長率が問題で、人口減少は直接的には関係しない。生産性などを上げることが何よりも重要だ。ただし、人口減少、少子高齢化といった人口の歪みに対して、社会保障制度や地方財政の改革が行われなければ、そのしわ寄せは後発世代に達し、成長の大きな足かせになる。移民問題にも、この先も日本は手をつけられないと思う。また少子化問題が改善したとしても人口への寄与、まして成長への寄与が出てくるのは20年―30年というずっと先の話になる。そのときに私は？　コメントを求められても、おそらくこの世にいないだろう。

現実が甘い前提を下回り続けると悲観論が醸成されやすく、そうなると日本経済は自滅する。デフレマインドや悲観論に対して金融政策は「期待」を変えるといって期待されたが、私は、金融政策だけで改革できるわけはない、と思っている。

日本はいつしか、必要な改革をしないまま多くの国民が無気力状態にさせられた政策ばかりとる国家となってしまった。もういちど日本の将来像をきちんと予測し、それを前提にやるべき改革を着実に進める以外に再生の道はない。

そのために世論をもう一度醸成し、政治が動くようにする必要があるが、日本にそのパワーはきわめて乏しいし、国民自体も将来世代に向けてこれ以上の痛みを許容しようとの雰囲気にはないように感じる。

新潟では「米百俵」という故事がある。徳川２５０年の間に築かれた長岡藩は、戊辰戦争で敗れ、わずか1年で長岡の町が荒廃してしまった。同時に、武士や一般市民は飢えに直面する。そこへ、近くの支藩から米百俵が送られてきた。当然、当時の長岡の人々は、それを一刻も早く食べたい。でも小林虎三郎はその米の百俵は食べないで教育に使おう、教育の施設を、あるいは本を買って、将来につなごうとした。そのことで長岡藩が見事に復興したという物語である。現在の辛抱が将来利益となることを象徴する故事だが、今の日本にこの精神はなくなってしまった。

日本の債務残高のGDP比は、２００％を軽く超え断トツで先進国で最悪の水準を継続しているが、狼は現れていない。この先も狼なんて現れないほうがいい。だが、狼が現れる前に羊飼いの少年が病気で死んでしまうことも避けないといけない。羊飼いは嘘つきかもしれないが、健康でないと、この話は成立しないのだから。

狼は狼たれ

小学校の低学年の頃、祖父の胡坐の上に乗り、「水戸黄門」をよく見ていた。毎週全国の旅先で、悪徳お代官や悪戯を働く商人が、正直でまじめな人や弱い人をいじめていて、それを水戸のご老公ご一行が必ず助けに入る。番組の残り10分くらいになると、ご老公から「助さん格さん懲らしめてやりなさい」との一言が出て、悪者は成敗される。勧善懲悪がなんとも小気味よく、幼い私でもスカッとした。番組が終わると、祖父と拍手をするのがいつもきまりごとになっていた。大人になって、日本全国で日々発生する様々な事案を激撮した警察密着番組や刑事もののサスペンスドラマが好きなのも幼少時の体験が大きく影響していると思う。

グローバル化の進展の中で、世界には格差が広がった。雑誌『フォーブス』によると、資産10億ドル（約1000億円）以上のビリオネアがアメリカには700人以上もいるという（2019年）。その一方で、国民の半分近くがその日暮らしの生活をしているのもこの国だ。この極端な経済格差は新型コロナでさらに広がっているとされる。日本は世界に比べれば格差は小さいが、現実には確実に広がっている。悪い人が弱い人をいじめているなら、社会全体で助けないといけないし、弱者は社会でなんとかしないといけない。

日本で弱者の議論になると、高齢者や中小企業が代名詞のようによく語られる。だがその一方で、金持ちの高齢者はたくさんいる。町工場にお邪魔すると、中小企業経営は大変だという話をされる一方で、自宅におうかがいすると、家族の高級車が数台並んでいるオーナーもたくさんいる。「弱者＝高齢者・中小企業」――この代名詞は実態を表している面もあるが、表していない面もある。もっと個別に見えるようにしないと、本当に支援が必要な人に支援は届かない。昔のように経済が毎年拡大するなら、多少の社会の矛盾やおかしなところは、毎年生み出される巨額の富の分配でカバーすることができる。しかし、今はほとんど成長することはなくそのようなことはできない。富めるものとそうでないものとの間で再配分をせざるをえない。

なぜ「税や資産を把握することで、弱者とそうでない人を区別する」ことをしないのだろうか？

この話は日本のあらゆる分野で共通する話だ。だからこそデジタル化は手段として必要で、その基盤を使った政策はエビデンスを得られるし、必要な人に支援を行き渡らせることが可能となる。すべての高齢者や中小企業が弱者ではない。弱い高齢者、弱い企業は個別に見分ける必要がある。きちんとデータで識別しない限り、どんどん曖昧な議論にはまり込んでゆくことになる。

日本には支援を必要としている方、弱者の方がたくさんいる。しかし、羊の皮をかぶった狼もたくさんいる。狼は狼たれ。羊を装うなかれ。

ワクワクは自分が見つける

時間があると都内のあちこちを「歩き回り」する。大学で初めて東京に来たときは、自然が少なくてびっくりしたが、30年間住みつき、あちらこちらを歩くと、意外にもけっこうたくさんの自然を目にすることができるようになった。実際に自然が増えたのかもしれないし、私自身の視野が広くなったのかもしれない。

乃木坂、日向坂はアイドルグループにも使われている都内の坂の名前である。マニアのサイトを覗くと、23区内には800以上、名前のついた坂があるそうだ。

私の最近のお気に入りは、「東京の高低差」である。NHKの番組「ブラタモリ」でタモリさんが高低差、崖、坂道を番組中でよく意識的に取り上げられているが、私も東京23区の高低差を、地図を持ちながら探して歩くのが楽しい。疲れたら最寄りの銭湯に入り、初めてのお店で酒をぐいっと飲んで、帰りは電車で帰宅する。そんな一人の散歩の楽しみがたまらない。

日本は昨今、「少子高齢化」「長期停滞」「世界の中でのプレゼンス不足」などネガティブな空気ばかりが社会の中に刷り込まれ、どこか、明るさやワクワクや楽しみの雰囲気が少なくなった。テレビやマスコミはその視聴者の大半が高齢者となり、出演者も内容もその年代に合わせたもので、暗めのトーンである。完全に自分たちで自分の脳を洗脳しているかの時間を長期間過ごしてしまった。なにかと楽しくなければ、ワクワクがなければ、これからの社会を躍動させる方向へと舵を切ることは難しい。

では、社会でどうやってワクワクを増やせるのか。個々人の小さいときの多彩な発想をむやみに消さないこと、老人よりも若い人が頑張って、それを年配者が褒める社会にしていくこと、こんな環境を増やしていかなければならない。

私も若い人がプレゼンなどに抜擢されるのをみていると、正直、やや頼りないなあ、大丈夫かなあと思ってしまう場面も多い。しかし、私自身、みずからそういう見方ではなく、「いいね、新しいね」と前向きにならなければ。先ず隗より始めよ、であろう。

明日の風向きは変わる

アベマTVで大好きな麻雀番組、「Mリーグ」を見ていたとき、解説の土田プロが（言葉は正確ではないかもしれないが）「私は点棒の状況をみているのではない、この先誰が勝ちそうなのかは、卓上の風がどう動いているのかでおおかた判断できる。私はその風の動きを探っているのです」というような解説をされていて、まさに自分が景気の半歩先を探るためにいつも感覚的に思っていることだと思った。

各プレイヤーの点棒はモニターに出ているので、テレビの視聴者もいま、誰がリードしていて、有利であるかはわかる。でもゲームが終了するまでに、どんな風が吹いているかで大きく順位は変わる。風が変わる局面はまさに、後からみたらトレンドが変わる局面なのであった。私は経済予測においても、いつも本能的に、市場に吹く次の風（トレンド）の流れを当てたいと思っている。

読者の多くは、現在の悲観論の延長線上ではにわかに信じがたいだろうが、私は、日本に吹く風は今後、必ず変わると思っている。世界を取り巻く価値観や経済構造が日本の波長に沿うようになってきていると感じるからだ。

過去、株主至上主義が世界に歪みを生み出した。しかし、このコロナで大きく価値観が変わってきた。株主第一主義の見直し、内部留保の積み増し、格差是正、エッセンシャルワーカー等の賃上げ、環境・持続的成長重視等の価値観変化などが胎動している。今後、もっと顕著に地殻変動が起こるはずだ。上に列挙した項目は、日本経済や企業がアメリカ主導のコーポレート・ガバナンスによって虐げられ、蔑ろにされてきたところである。日本は、欧米各国がしばらく続け、失敗を重ねてきた「株主資本主義」とは、一定期間距離を置き続けた。ここにきて、アメリカの経済運営の考え方が日本の考え方にシフトしてきているように思えてならない。

また、環境や持続的成長重視も、日本にメリットがあるのではないか。日本は100年、200年と続いてきた老舗の企業数が、世界の中で最も多い。もともと長期で日本の伝統や日本の環境を維持するという和の心が根にあるからこそ、「会社の寿命は30年」と言われてきた市場環境の中で、営々と長寿商店が息づいているのだ。

さらに、敗戦から今日までの間に積み上げてきた、世界の中で「最も信頼できる国のひとつは日本」という評価は、この先大切に維持していかなければならない。ASEANで行われた調査の結果では（この調査は、シンガポールの東南アジア研究所（ＩＳＥＡＳ）がＡＳＥＡＮ10カ国で行った）、日本に対する①自由貿易の推進と擁護、②国際法を遵守・擁護、③日本の文明と文化への敬意が高く評価されている。

これから世界が目指す価値観はすでに日本にあり、それに対して世界がすでに評価をしていることを、われわれ自身がしっかり自覚し、自負すべきだ。

日本企業は海外とのデジタル試合の1回戦では点数を大きく引き離された。スマートフォンというかつて存在しない空間に、続々と新しいサービスを生み出す戦いで完敗した。しかし、この試合にコールドゲームはない。第2回戦はデジタル空間と現実空間を共存・融合される戦いになる。あらゆるモノがネットにつながる「ＩｏＴ」が試合会場であり、モノを生み出す製造業をたくさん持つ日本への再評価がこれからはじまると思えてならない。

いまの日本を取り囲む数々の統計の延長線から見れば、まだまだ悲観的なシナリオがメインとなり続けるだろう。しかしここでわたしが強調したかったのは、「今日も明日も、風は必ず吹く。それにうまく乗れるかが大事になるのだ」ということだ。

時間とともに日本人も、自分たちに吹くフォローの風を感じるはずだ。

風を感じたら次は、後ろを振り返らず風にうまく乗ることだ。

たとえ風を感じられても、自分も周りも後ろ向きのままではチャンスを逃す。逆に、いつチャンスの風が吹いてもすかさず乗れるようにしておくには、常に気持ちを前向きに備えておかないといけない。私も、後ろ向きな言葉がしばしば頭をよぎる。口にする言葉も、ネガティブワードが並ぶ。これでは風には乗れない。「後ろ向き言葉はＮＧ！」が、これからの日本再生のための大事なルールだ。

「やっと世界が日本に追いついてきた」と皮肉を言いたいが、ふたたび日本に「陽はまた昇る」時代がやってきたと言うべきだろう。ただし、世界は日本に対して白旗を上げるつもりはこれっぽっちもない。いまだに残る「日本の常識、世界の非常識」の慣行や考え方の矛盾を徹底的に突いてくる。さらにはいままで善として主張してきたことを簡単にひっくり返し、ルールを変更し、日本に不利になるような制度を世界的に導入ようと、虎視眈々と狙ってくることもしばしばだろう。これからが勝負だ。

おわりに

1997年――。本文でも幾度か書いたように、この年が、私のビジネスマン人生の中で、いや、私のそれまで歩んできた道のりで、大きな転換点であった。別の言葉でいうと、それ以前の半生に比べて、1997年から、まったくまっさらな人生の第二ステージが始まったのであった。

そこから二十余年を経て、自分は今日、リセット後のステージを生きている。この気持ちの断層を自分の中でどう整理してきたのかを記したいという思いが、齢五十を過ぎたあたりから沸々と湧き上がってきた。それが、本書を執筆するきっかけとなった。

その、何か書かなければ、という思いを具現化する水先案内を務めてくださったのが、慶應義塾大学出版会の増山修さんである。同氏とは、氏の前職時代にご一緒に仕事をさせていただいて以来、8年ぶりにタッグを組んだ。前回同様、企画段階より多大なご助言とご助力を賜った。ここに謝意を表したい。

そして、本文でも時折り登場する、家族に深く感謝したい。妻と娘は私にとって、すべての礎である。

本書は私にとってこれまでのような共著ではなく、初の単著である。こうしてひとりで執筆してみると、人生の中で一本道に見えたことも、文字にしてみると、けっこうまわり道が多かったのだなあとわかった。53歳にして、また、たかだか平成の30年という短い間を「回想」するなど、若造が何を言っているのだとお思いの方も少なからずおいでかもしれない。しかし、自分のこれまでの道がどんなものだったのかを見つめ直し、それをこの「平成の失われた30年」と重ね合わせることで、自分の「エコノミストとしての営み」を一旦小休止できた。

振り返ると、2020年のコロナ禍というのも、長いタイムスパンで見れば、新たなフェーズへと移っているのかもしれない。私にとっては、第二ステージから第三ステージへの転換点なのかもしれない．この先、もうしばらくビジネスマンとしての歩みは続くし、さらに曲がりくねった道を進むことになるだろう。次のステージでのエコノミスト人生が、このさきどのように展開していくのか、いまからワクワクしている。

「明日の風」は吹き始めたばかりだ。

二〇二一年秋

矢嶋 康次

参考文献

朝日新聞（２０２１）「韓流の沼へようこそ」『朝日新聞ＧＬＯＢＥ』２０２1年3月7日号
麻生太郎（２０２０）「安倍総理よ、改憲へ４選の覚悟を」『文藝春秋』新年特別号
アームストロング、ルイズ（２００５）『レモンをお金にかえる法』新装版、河出書房新社
宇佐見りん（２０２０）『推し、燃ゆ』河出書房新社
宇沢弘文（２０１３）『経済学は人びとを幸福にできるか』東洋経済新報社
小口日出彦（２０１６）『情報参謀』講談社現代新書
柯隆（２０２１）『「ネオ・チャイナリスク」研究』慶應義塾大学出版会
黒瀬浩一（２０２０）『時代の「見えない危機」を読む』慶應義塾大学出版会
小宮隆太郎（１９６１）『アメリカン・ライフ』岩波新書
竹田陽介・小巻泰之・矢嶋康次（２００５）『期待形成の異質性とマクロ経済政策』東洋経済新報社
――――・矢嶋康次（２０１３）『非伝統的金融政策の経済分析』日本経済新聞出版社
にしのあきひろ（２０１６）『えんとつ町のプペル』幻冬舎
野口悠紀雄（１９９３）『「超」整理法』中公新書
莫邦富（２００２）『これは私が愛した日本なのか』岩波書店
ピルズベリー、マイケル（２０１５）『Ｃｈｉｎａ ２０４９』野中香方子訳、森本敏監修、日経ＢＰ社
マルクス、カール、フリードリヒ・エンゲルス（１９５５）『共産党宣言』大内兵衛・向坂逸郎訳、岩波文庫
リップマン、ウォルター（１９８７）『世論』掛川トミ子訳、岩波文庫
ワーズワース、ウイリアム（１９６６）『ワーズワース詩集』田部重治選訳、岩波文庫
Frey, C. B., and Osborne, M. A. (2013) "The Future of Employment: How Susceptible are Jobs to Computerisation?"（雇用の未来）
Oxford Martin School Working Paper.

【著者略歴】

矢嶋康次（やじま・やすひで）

1968年、新潟県直江津市（現・上越市）生まれ。92年、東京工業大学無機材料工学科卒業、日本生命保険相互会社入社。95年、ニッセイ基礎研究所へ出向、経済調査部研究員。2012年、同チーフエコノミスト。17年、研究理事。21年、常務理事を兼務。
早稲田大学、上智大学で非常勤講師として現代経済論の講座を担当。参議院予算委員会調査室で客員調査員を歴任。
テレビ東京「モーニングサテライト」、BSTBS「サンデーニュース Biz スクエア」、BS12「マーケット・アナライズ・プラス」などで人気コメンテーターとして活躍。

主著
『期待形成の異質性とマクロ経済政策』（共著、東洋経済新報社、2005年）
『非伝統的金融政策の経済分析』（共著、日本経済新聞出版社、2013年、第54回エコノミスト賞受賞）

記憶の居場所（ときのすみか）
――エコノミストがみた日常

2021年10月15日　初版第１刷発行
2021年12月20日　初版第３刷発行

著　者――――矢嶋康次
発行者――――依田俊之
発行所――――慶應義塾大学出版会株式会社
〒108-8346　東京都港区三田2-19-30
TEL〔編集部〕03-3451-0931
〔営業部〕03-3451-3584〈ご注文〉
〔　〃　〕03-3451-6926
FAX〔営業部〕033451-3122
振替　00190-8-155497
https://keio-up.co.jp/
装　丁――――岩橋香月（デザインフォリオ）
組　版――――株式会社シーエーシー
印刷・製本――中央精版印刷株式会社
カバー印刷――株式会社太平印刷社

Printed in Japan　ISBN978-4-7664-2781-3

好評の既刊書

「笑い」の解剖　中島隆信著　1980円

家計簿と統計　佐藤朋彦著　1760円

移民とAIは日本を変えるか　翁邦雄著　2200円

（価格は消費税10％の税込価格）